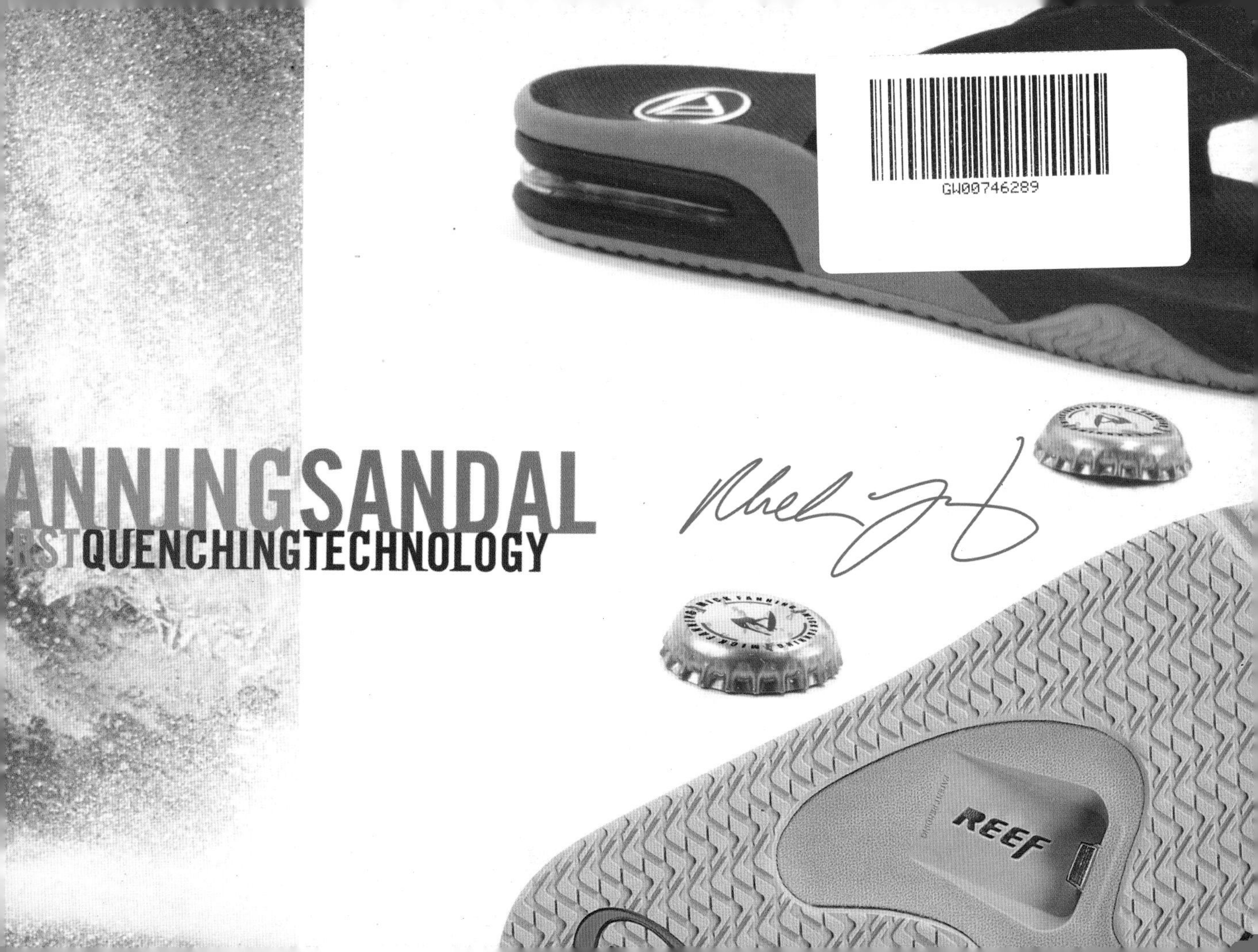
GW00746289
ANNINGSANDAL
RSTQUENCHINGTECHNOLOGY
REEF

7x ASP World Champion

al surfer mas grande de la historia

Quiksilver

RIP CURL

ripcurl.com

ATLANTICO
SURF

SURFAR

GUÍA DEL SURF EN ARGENTINA

SURFAR

GUÍA DEL SURF EN ARGENTINA

EDITOR / *DIRECTOR*
Martín González Buela
editor@guiasurfar.com.ar

ASESOR DE MARKETING
MARKETING CONSULTANTS
Pablo Panigatti

DIRECTOR DE REDACCIÓN / *COPY EDITOR*
Juan Manuel Sorrentino

DIRECTOR DE FOTOGRAFÍA / PHOTO EDITOR
Martín González Buela (MGB)

FOTÓGRAFOS / *SENIOR PHOTOGRAPHERS*
Diego Di Yorio (DY)
Hernán Ramos (HR)
Maximiliano Bendahán (MB)
Maximiliano Marinucci (MM)

DIRECCION DE ARTE / *ART DIRECTOR*
WOK Design

DISEÑO GRÁFICO / *GRAPHIC DESIGN*
Roberto Millan

MAPAS / MAPS
Mariano Morales

PUBLICIDAD / *PUBLISHER*
publicidad@guiasurfar.com.ar

FOTÓGRAFOS COLABORADORES
COLABORATING PHOTOGRAPHERS
Fernando Dufour (FD)
Juan Bóveda (JB)
Juan Garamendi (JG)

COLABORADORES / *COLABORATORS*
Alberto Moratino
Gabriel Molina Favero
Leandro Suazo
Lucas Romanelli
Martín Lorenzo (Aguaviva)
Santiago Estivaríz
Sebastián López Severino

WEBSITE ON LINE EDITOR
Alejandro Vasta
www.guiasurfar.com.ar

TRADUCCIÓN / *TRANSLATION*
Patricia Sanabria

GRUPO IMPRESOR
Primer Impacto
Tel. 4833-3111 / E-mail. info@un-i.com.ar

PRIMER EDICIÓN / *FIRST PRINTING*
Enero 2006 / January 2006
Buenos Aires. Argentina

Queda hecho el depósito que establece la ley 11.723

ISBN 10: 987-05-0498-1
ISBN 13: 978-987-05-0498-6

SUMARIO / *SUMARY*

PRÓLOGO

Cuando me llamaron para participar en el prólogo de la primera guía del surf de Argentina, me sentí muy orgulloso y motivado. Al instante pensé: "Muchos de nosotros consultamos este tipo de material cuando viajamos, así que no nos podía faltar una de nuestra hermosa y extensa costa".

Cómo explicar todo lo que Argentina significa surfisticamente para mi...Es donde conocí el deporte, donde soñé vivir la vida que hoy tengo y donde me estoy desarrollando. Entro y salgo del país surfeando el mundo y con mucho entusiasmo también nuestras playas.

Lo que fue difícil para muchos de los que forjaron un camino para mi generación y las venideras, en mi se transformó en un sueño hecho realidad. Ser un surfista profesional en, y sobre todo, desde la Argentina.

En nuestro medio muchos surfers se consagraron y triunfaron en el exterior y esto nos abrió las puertas grandes. Pero el desafío también estaba en hacerlo desde acá, usando tablas nacionales, formándose en olas locales, con el apoyo y la proyección de empresas desde Argentina.

En este país existe todo el potencial y las olas para ser y hacer lo que uno tenga en mente con sólo proponérselo. Después de contarles la idea que tengo a través de mi experiencia, si les parece, vamos a meternos en la costa desde mi visión. Nuestra extensa Costa Atlántica es surfeable en casi todo su recorrido, ya que se encuentra de cara al este y no existen grandes bahías cerradas que impidan la entrada de olas.

También tenemos la ventaja de tener una costa bastante variada y que recibe ondulación del sector noreste hasta el sudoeste. Un rango importante que nos permite surfear seguido o bien tener muchos días surfeables al año. Más que algunos de los mejores lugares del mundo.

Quizás no sea el lugar más cálido, pero no es el más frío se los aseguro. Puede que no sea el lugar más constante del mundo, pero en el promedio del año, tenemos muchos días con buenas condiciones y nunca faltan esos días mágicos. Puede que no sea el mar con olas más grandes, pero cuando está en sus días, podría llegar a sorprender al mejor cazador de olas. Existen muchas olas que, aun teniendo la suerte de poder viajar y correr en varias partes del mundo, no me las perdería por nada.

¿Pudieron ver alguna vez esos días de invierno de La Perla explotada, con viento del sud oeste, cuando todas las escolleras funcionan como mini kirras, con la ola tubeando de escollera a escollera? ¿O cuando "El Paseo" está clásico, conectando desde Celusal, pasando por La Pepita y llegando hasta a Alfonsina. Una ola de derecha que rompe a escasos metros de las piedras y desafía al más destacado de los surfers? ¿O Diva, La Serena o La Paloma? ¿Y qué me cuentan de esos días grandes en la escollera de Necochea y todas sus hermosas playas? ¿O Villa Gesell, y esos tubos que Andrés Di Marco conoció tan bien en una fecha de la ASA?

También tuve la posibilidad de recorrer nuestra costa hasta el sur y les aseguro que he corrido unos días increíbles en Playa Unión y otros points de la zona.

En Argentina, hay días que el mar está tan bueno que me ha tomado hasta 2 horas definir en donde meterme, mirando por lo menos 50 points desde el centro de Mardel hasta Mar del Sur. Si uno se toma el tiempo y la libertad de buscar, verá que cada lugar tiene su magia.

Nuestra costa tiene varios points bien definidos, que cuando están buenos, tienen poco que envidiarle a muchas olas famosas del planeta.

Tenemos muchos lugares desconocidos donde rompen olas internacionales. Un día con swell de más de 6 pies y una frecuencia mayor a 10 segundos, crea una cantidad de rompientes increíbles.

Bueno, basta de palabras. Es hora que vean todo lo que les cuento. Hagan uso y abuso de esta Guía para encontrar esos días soñados. Si aman la aventura y están con ganas de "surfar" olas diferentes, sigan las recomendaciones de Surfar y déjense sorprender por la magia que se esconde, no lo duden, en cada rincón de nuestra costa.

Martín Passeri

PROLOGUE

When they asked me to participate in the prologue of the first Argentinian surf guide, I felt proud and motivated. Immediately, I thought: "Many of us check this kind of material when we travel, so we had to have one of our beautiful and entensive coast".
How can I explain everything that Argentina means to me surfistically speaking? It is where I first got to know this sport, where I dreamed to have the life I am living and where I am developing. I travel in and out of the country, surfing in different parts of the world and with a lot of enthusiasm in our beaches, too. What for many of my generation and generations to come struggle to find their way in the surf world, for me was a dream come true. Being a professional surfer in, and especially from Argentina.
In our medium, there are surfers that made it and succeeded abroad and this opened the big doors for us. But the challenge was also to make it from here, using national boards, learning and improving in local waves, with the support and projection of companies from Argentina.
This country has all the potential and the waves to do whatever you have in mind, if only you aim it.
After telling you about the idea I have, through my experience, if I may, let us get in deep into the coast from my point of view.
Our extensive Atlantic Coast can be surfed practically all along, since it faces east and there are no big closed bays that hinder the entrance of waves. We also have the advantage of having a varied coast, which receives undulation from northeast to southeast sectors. An important quality that allows surfing very often or have many surfeable days a year. More than in some of the best places of the world.
Perhaps, it is not the warmest place, but it is not the coldest, I can assure you. Perhaps, it is not the most constant place in the world, but in the yearly average, we have many days with good conditions and also those magic days! Perhaps, it is not the sea with the biggest waves, but in those special days, they can surprise that best wave hunter. There are many waves that, even having the luck of being able to travel and ride in many parts of the world, I would not miss for anything in the world.
Could you ever see those winter days in the exploited Perla, with southwest wind, when all the water breakers work as mini kirras, with the wave tubing from water break to water break? Or when "El Paseo" is classic, connected from Celusal, going by La Pepita and reaching Alfonsina. A right wave that breaks only a few meters from the rocks and challenges the most outstanding of the surfers? Or Diva, La Serena or La Paloma? And what about those fantastic days at the Necochea break water or any of its beautiful beaches? Or Villa Gesell, and those tubes that Andres Di Marco got to know very well at an ASA (Argentine Surf Association) tournament?
I also had the possibility to go all over our coast, right down to the south and I can assure that I have ridden some incredible days in Playa Union and other points of the area.
In Argentina, there are days that the sea is in such a great condition that it has taken me up to two hours to define there to get in, looking at least 50 different points from the center of Mar del Plata to Mar del Sur. If you take your time to search, you find that every place has its charm. Our coast has several well-defined points and when they are in a good condition, they have nothing to envy other famous waves in the world. We have many unknown places, with waves of international quality. A day with larger swells that 6 feet and a greater frequency to 10 seconds create a significant number of incredible wave breaks.
But, let's stop the talking. It is time for you to see everything I'm telling you. Feel free to thoroughly use this Guide to find those dreamed days. If you love adventure and you want to "surfar" different waves, follow the recommendations of Surfar and don't doubt to let yourself be surprised by the magic hidden in every corner of our coast.

Martín Passeri

CÓMO LEER LA GUÍA

La guía está armada siguiendo un orden lógico.

En un principio nos situamos en la Argentina, mediante un pequeño resumen con todos los datos que necesitás conocer ni bien llegás al país. Además realizamos un perfil acotado (***Huellas de identidad***) con la información para familiarizarse con los rasgos del país.

En una segunda parte vas a encontrar todo lo que podríamos llamar una breve introducción al surf: nociones básicas sobre seguridad en el mar, medio ambiente, cómo se forman las olas, algunos mapas de olas recomendados, más algunas otras sugerencias, que creemos son de gran utilidad.

La tercera parte está dividida por regiones, no geográficas, sino gráficas. Por poseer características similares hemos dividido a la Argentina Surfista, en ***seis zonas*** bien diferenciadas. Cada una de ellas, para tu comodidad, tiene asignada un color, para que puedas hallarla con mayor rapidez. Cada zona está integrada por una descripción corta de cada una de las ciudades que comprende y un detalle con las características de las olas.

La descripción de las olas tiene como principio el ser práctica. Por este motivo son breves, simples pero completas, hallando en ellas todo lo que necesitás saber para meterte al mar informado. Para mayor rapidez hemos creado ***4 íconos*** fundamentales para que en una mirada superficial tengas toda la info básica.

Las costas de Argentina no son precisamente peligrosas. Sin embargo, hay zonas en las que hay que tomar ciertas precauciones. Entre los peligros más notorios y comunes están las corrientes peligrosas, los fondos de roca o tosca en zonas de poca profundidad y las embarcaciones cercanas al point. Dentro de la descripción de las olas, vas a encontrar un ícono que significa peligro. Su función es llamar tu atención para que leas bien de qué se trata en cada caso particular.

Un apartado en la sección de las ciudades lo hemos llamado *Qué hacer cuando no hay olas*. Son lugares para conocer o actividades para desarrollar en cada lugar, dichos por amigos que viven en cada uno de ellos. O sea, gente que sabe. Ah, el título es sólo un chiste, porque aun habiendo olas, siempre hay tiempo para todo.

Siguiendo con la guía te vas a topar con un *direccionario*. Este es un compendio conteniendo la info de hospedajes, campings, hoteles, y demás datos, que pensamos te puedan ayudar a programar tu viaje.

Es importante que sepas que este cúmulo de direcciones no agota todas las existentes. Es sólo un referente de lugares que hemos tomado, generalmente teniendo en cuenta su cercanía con el mar. Lo ideal es que busques la mejor de estas opciones, o bien otras que aquí no figuran. Las páginas de los diferentes entes turísticos son un buen lugar de búsqueda.

La cuarta parte te informa sobre toda la cultura e industria que el surf y el bodyboard han generado en nuestro país: las fábricas de tablas, talleres de reparación y escuelas de surf, todo lo hallarás aquí. Siempre siguiendo los preceptos de practicidad.

Por último, un apartado destinado a los extranjeros con toda la info de utilidad para una mejor estadía en la Argentina (consulados, moneda, cómo moverse, alquiler de autos, etc), todo lo encontrarán en esta parte.

Todo esto tiene un objetivo: que te ayude a pasar muchos buenos momentos. Que la disfrutes.

LOCALES **MUY AMISTOSOS**

IZQUIERDA

LOCALES **AMISTOSOS**

IZQUIERDA Y DERECHA

LOCALES **POCO AMISTOSOS**

IZQUIERDA

ALTURA MAXIMA DE LA OLA EN MTS

PELIGRO

Matt, Homer, Bruce, Joel
Salt Creek, Parking Lot, Huntington Beach, CA

HOW TO READ THE GUIDE

The guide has been written following a chronological order. In the first part, we concentrate on Argentina, through a short summery with all the information you'll need once you arrive to the country. Besides, we make a brief profile (Identity Traces) with the information you need to get familiar with the features of the country.

In the second part, you will find what we could call a brief introduction to surf: basic ideas about the security in the sea, the environment, how the waves are formed, some maps of recommended waves, plus some other suggestions that we think will be useful.

The third part is divided by regions, not geographic, but graphic. Because they have similar characteristics, we have divided the Surfist Argentina into six differentiated regions. Each of them, to make it easier for you, has been assigned a different color, so you can find it faster. Each area includes a short description of all the cities in it and a detail with the characteristics of the waves. The description of the waves is meant to be practical. For this reason they are short and simple, but complete and you will find in them everything you need to know to get in the sea. To make it faster, we have created 4 main icons so that with a superficial look you'll have all the basic info.

The Argentinian coasts are not precisely dangerous. Nevertheless, there are areas when you should take certain precautions. Among the most notorious and common dangers, there are dangerous currents, the bottom of rocks in shallow waters and boats near the points. Inside the wave description, you will find an icon, which means danger. It is meant to catch your attention so that you read in detail what each particular case is about.

There is an article in the cities section, which we have called What to do when there are no waves. These are places to visit or activities to carry out in each place, which have been shared by some friends that live in each of these places. That is, people that know. But, the title is a joke, because even when there are waves, there is always time for everything.

In the following section of the guide you will find an address section. It includes info about accommodation; hotels, campings, cabins and other information that we though could help you organize your trip.

It is important for you to know that these are not all the address available. They are some places we have chosen to be used as a reference, usually taking into account their nearness to the sea. The ideal thing would be for you to find the best of these

alternatives, or other alternatives. The websites of the different tourist offices are usually a good searching tool.

The forth part informs you about all the culture and industry that the surf and the bodyboard have generated in our country: board manufacturers, workshops, and surfing schools; you will find everything here. And always trying to be practical

And lastly, there is a section aimed for foreigners with all the useful information for a better stay in Argentina (consulates, currency, car rentals, etc).

All this has one objective: help you have a good time. Hope you enjoy it!

thermoskin
Marcos Alonso. Brasil. Thermoskin Team Rider
www.thermoskin.com.ar

MB

ARGENTINA

Bienvenidos a la Argentina. País de enormes bellezas, naturales y humanas; nación donde quién arriba, venga del lugar del mundo que sea, siempre es bien recibido.
Sin duda hay mucho para escribir y contarte sobre Argentina. Cosas buenas y algunas no tanto. Pero bueno, estás empezando un viaje, así que a disfrutar. Nosotros estamos aquí, pensamos esta guía, para orientarte lo mejor posible y, lograr así, que tu estadía en estas pampas sea inolvidable.
Por donde empezar...hay tanto. Todos los temas sobre los que podríamos escribir se expanden, extensos, como lo es el territorio argentino, que transforman a este país en uno de los más grandes de América. Algunas páginas más adelante te vamos a relatar sobre algunos de los cientos, miles de lugares para visitar. Así que en este breve texto hablaremos sobre otra de las grandes riquezas que nuestra tierra tiene, y que quizás, no figura en los catálogos o guías turísticas: su gente.
Llegaste a un país donde la amistad, la cooperación y la solidaridad son palabras muy importantes, que poseen un significado muy fuerte. De otra manera no se comprendería cómo hemos sobrevivido a tantas y tan profundas crisis, políticas y económicas.
Ojo, aquí como en absolutamente todos los países del mundo, vas a encontrarte con avivados que sólo piensan en lo suyo, con personas egoístas que lo único que desean es aprovecharse del otro.

ARGENTINA

Welcome to Argentina. A country of enourmous beauty, nature and humanity. A nation that always welcomes visitors from all over the world.
There is so much to tell and write about Argentina. Good stuff and not so good. Anyway, you starting a trip, so enjoy it.
We are here to offer you this guide to give you the best possible orientation to make your stay in the Pampas, an unforgettable trip.
So where should we start? There is so much to tell. Whatever we talk about can be as large as the Argentine Territory, which is among the largest in America. In the following pages, we will tell you about the thousand places to visit and we will talk briefly about one of the richest elements you may have not read in other tourist booklets: its people.
You have arrived to a country where friendship and cooperation have a strong significance. If not, how could we have survived after so many deep political and economical crisis.
But beware, as it happens all over the world, you may guys to like to play smart and will try to get advantage of others. Anyway, you will also find friends forever, pals that will always care for you and help you in whatever you may need. People willing to invite you for a barbecue, who will always have time to drink "mate" or a couple of beers... and this is quite unique in the world!
Taking this into consideration, we think that you should start your trip in Argentina. Always being aware of what happens in the social environment that you are about to visit, without unecessary prejudices and fears; open to live great

MGB

Pero aquí también vas a encontrar, y en este caso como en pocos lugares de este planeta, amigos para siempre, compañeros que te van a ayudar en lo que necesites, de corazón. Personas dispuestas a invitarte a comer un asado, que siempre van a tener tiempo para tomarse un mate calentito con vos o invitarte a tomar un cerveza.
Desde este punto creemos que tenés que iniciar tu travesía por Argentina. Sin la ingenuidad de quien ignora lo que pasa, el entorno social donde se va a mover, pero sin prejuicios ni temores infundados. Abierto a vivir experiencias sin dudas muy buenas de lo turístico, pero también muy valiosas desde lo humano, como persona, vos y el prójimo. Y eso, no vacilamos en afirmarlo, es algo que no se encuentra en todos lados.
Prepará tu valija o mochila, tus tablas y accesorios y abrite a lo que pueda venir. Disfrutá intensamente este momento de tu vida. Bienvenidos.

in the social environment that you are about to visit, without unecessary prejudices and fears; open to live great experiences from the tourist point of view, but also valuable from the human point of view.
So, prepare your suitcase or backpack, boards and accessories and get ready for what may come. Enjoy this moment of your life to the fullest.
Welcome!

HUELLAS DE IDENTIDAD

Capital: Ciudad de Buenos Aires.
Superficie: 3,8 millones de Km.
Población: 38 millones de habitantes.
Moneda: peso. Hay billetes de 2, 5, 10, 20, 50 y 100 pesos, y monedas de 1 peso y de 1, 5, 10, 25 y 50 centavos.
Idioma oficial: español o castellano.
Religión: la religión oficial es la Católica Apostólica Romana, aunque existe completa libertad de culto.
Forma de gobierno: representativa, republicana y federal, y la división en tres poderes: ejecutivo, legislativo y judicial.
Régimen: democracia presidencialista.

IDENTITY TRACKS

Capital city: *Buenos Aires*
Surface: *3.8 million km2*
Population: *38 million*
Currency: *Peso. 2, 5, 10, 20, 50 and 100 bills 1, 5, 10, 25, 0.50 and 1 peso coins.*
Official language: *Spanish.*
Religion: *Catholic, but you free to practice other religions.*
Type of government: *Democratic government with executive, judicial and legislative branches.*

< MGB

HR

CÓMO LLEGAR

Todas las compañías aéreas que vuelan a la Argentina llegan, principalmente, al aeropuerto internacional de Ezeiza "Ministro Pistarini", situado a 37 Km de la Capital Federal, ciudad de Buenos Aires, .

Este aeropuerto está unido a ella por la autopista Teniente General Ricchieri (Tel. información: 4480-9538).

Recordá que al salir del país deberás abonar una tasa de U$S 18.

Las empresas Manuel Tienda León (Av. Madero y San Martín, Tel. 4315-5115) y Transfer Express (Florida 1045, Tel. 4312-8883) ofrecen cada media hora entre las 05.00 y las 20.30 un servicio de autobuses al centro de la ciudad. El precio es de $ 15 y $ 11 respectivamente y el trayecto dura 40'.

También existen taxis y remises (autos de alquiler con chofer) que realizan el traslado (entre $ 35 y $ 38). En este último punto debés tener cuidado y estar atento a que no te cobren de más por ser extranjero.

GEOGRAFÍA

La característica fundamental del relieve argentino es la enorme riqueza y variedad geográfica que ofrece.

Su abanico de paisajes va desde las inmensas e interminables llanuras orientales hasta la impresionante cordillera de los Andes al oeste, poseedora de la cumbre más alta del hemisferio sur: el Aconcagua, de 6.959 metros. Desde el extremo norte al sur más profundo, la Argentina exhibe estos opuestos.

El noroeste árido, lleno de cerros y quebradas, y el sur, con sus bosques y glaciares. El centro está dominado por una llanura, la más famosa del país, la pampeana, cortada solamente por dos cadenas de sierras: la de Tandil y las de la Ventana.

En el sudeste y sur argentino la Patagonia se hace presente en todo su esplendor, ventosa y árida, pero donde sus costas, bañadas por el Atlántico, muestran vida, riqueza y una hermosura de paisajes única en el mundo.

Finalmente el norte, con sus selvas de climas cálidos y húmedos, subtropicales, son el caldo perfecto para una explosión de exhuberancia salvaje y natural.

Te podemos citar numerosos monumentos naturales, conocidos, que podés visitar. En el noroeste las Cataratas del Iguazú y toda la belleza de la selva misionera. En el noroeste La Quebrada del Humahuaca, El Valle de la Luna, El Parque provincial Talampaya. También en cualquier época Bariloche, San Martín de los Andes, El Bolsón, Villa la Angostura o los muchos poblados que se encuentran recostados sobre la Cordillera de los Andes, son perlas en un país rico en paisajes. Por último más hacia el sur el famosísimo Glaciar Perito Moreno o la misma Ushuaia son lugares que si podés visitar, son imperdibles.

Igualmente la Argentina está llena de rincones donde descubrir lugares ideales para disfrutar. Sería interminable la lista de sitios donde pasar un buen momento. Sólo hace falta informarse con los guías u operadores turísticos o con algún amigo, infaltable, que te dé algún valioso dato.

DY

HOW TO GET THERE

Every company flying to Argentina arrives at the Ministro Pistarini International Airport, located in Ezeiza, 37 km from the city of Buenos Aires.
The Teniente General Ricchieri Highway takes you from the airport to the city of Buenos Aires (information number: 4480-9538)
Important: Remember you must pay a USD 18 airport tax once you leave the country.
Manuel Tienda Leon (Av. Madero y San Martín, Tel. 4315-5115) and Transer Express (Florida 1045, Tel. 4312-8883) have a bus service downtown every half an hour. The prices are $15 and $11.
You can also take a cab or a remis that will charge you from $35 to $38. But beware, some of them will take advange that you are an oversees tourist and wil try to charge more.

GEOGRAPHY

The main characteristic of the Argentine relief, are its natural resources and geographic variety it has to offer.
Its wide range of landscapes go from immense and endless Eastern prairies to the amazing Andes mountain range to the West, which has the highest summit of the Southern hemisphere: the Aconcagua, with 6959 m. You will find these kinds of contrasts from the extreme North to the deepest South.
The arid Northwest is full of mountains and valleys and the South of forests and glaciers. The central park is dominated by a prairie, the most famous of the country: the Pampas and gets only cut by two mountain chain: Tandil and de la Ventana.
In the South, the Patagonia appears with all its beauty, windy and arid, but where the coasts of the Atlantic show life, richness and beautiful landscapes, unique in the world.
Finally, the North, with jungles of warm and humid, subtropical climate are the perfect ingredients for an explosion of natural and wild lush.
Here we name some of the places we think you should visit:
In the Northeast of Argentina the Iguazu falls and all the beauty of the Misiones jungle. In the Northwest, the Quebrada de Humahuaca (Valleys), the Valle de la Luna, The Talampaya provincial Park. To the South, you can visit Bariloche, San Martin de los Andes, El Bolson, Villa la Angostura all year round or any of the towns that lie on the Andes mountain range are the pearls in this country of landscapes. And finally, deeper in the South the famous Perito Moreno Glacier or Ushuaia are the places you can't miss.
Anyway, Argentina is full of sports where you can discover places you can enjoy. The list of places to have a good time would really be endless. You'll only need to get informed with the tourist guides or agency or with some friends to give you valuable info.

DY

DY

LAS COSTAS

La geografía costera se extiende a lo largo de 4000 km, y en ella, se pueden diferenciar tres sectores: tramo pampeano, tramo patagónico y tramo fueguino.

El tramo pampeano llega hasta la desembocadura del Río Negro. Es poco accidentado y rocoso en el Cabo Corrientes.

El patagónico llega en su extensión hasta la entrada del Estrecho de Magallanes. Se caracteriza por sus costas altas y acantiladas que forman amplios golfos como los de San Matías y San Jorge, bahías como la Grande o penínsulas como la de Valdés.

El fueguino es similar al anterior en su sector atlántico, mientras que el sector sur es recortado por la erosión glaciar. La costa que corresponde al sector antártico es similar a la fueguina pero con la presencia de grandes masas de hielo.

THE COAST

The coastal geography extends along 4000 km, and in it you can identify three sectors: the Pampas, the Patagonia and del Fuego sectors.

The Pampas sector reaches the mouth of the Negro River. It is slightly accidented and rocky at Cabo Corrientes.

The Patagonia sector reaches in extension, up to the mouth of the Strait Of Magellan. It characterizes for its high coasts and cliff that make gulfs, such as San Matias and San Jorge and bays, as the Grande or peninsulas, as the Valdes.

The del Fuego sector is similar to the Patagonia sector in the Atlantic, while in the Southern sector is reduced by the glacier erosion. The Antarctic sector is similar to del Fuego, but with the presence of great masses of ice.

CLIMA

La Argentina tiene una gran variedad climática. Esta variedad se da por zonas pero también por estaciones.
La extensa zona central pampeana disfruta de un clima templado que es acompañado por moderadas lluvias (promedio de 950 mm anuales en la zona de Buenos Aires). Hacia el norte y a medida que nos acercamos al Trópico de Capricornio la temperatura va en aumento, con lluvias que oscilan desde las copiosas precipitaciones de la selva misionera a la aridez extrema del noroeste, cuya humedad es frenada por el macizo de la cordillera oriental.
La región cuyana disfruta de un clima templado, relativamente seco, cuyas precipitaciones van en aumento al descender por la cordillera hacia la región patagónica.
Los bosque fríos de la región evidencian la presencia de lluvias regulares, favorecidas por los vientos provenientes del Pacífico, que atraviesan los valles patagónicos (3000 a 4000 mm). El resto de la Patagonia es árida (200 a 300 mm de lluvias) y a medida que descendemos las temperaturas descienden a niveles por debajo del cero en época invernal, hasta alcanzar la crudeza del frío polar en la región antártica.
Los vientos característicos del país son el pampeano, frío y seco; el norte, cálido y húmedo; la sudestada, fría y húmeda, proveniente del mar y el zonda, cálido y seco.
En lo que respecta a la costa, las estaciones tienen gran peso sobre el clima. Hay una gran franja climática que separa al invierno del verano. El primero es frío y con abundantes lluvias, teniendo una temperatura media de 10 grados. El verano, por el contrario es caluroso, (con una media de 24 grados centígrados, pero picos que superan los 30 grados), húmedo y con un nivel medio de lluvias. Es esta la estación más benigna para ser visitada. Resumiendo las temperaturas medias son: desde noviembre hasta marzo, de 23° centígrados y de junio a septiembre de 12° centígrados.

THE WEATHER

Argentina has different climates, depending on the region and the season.
The large central region, The Pampas, enjoys of a mild weather and moderate rains (950 mm per year in Buenos Aires) Going North, and closer to the Tropic of Capricorn, temperatures increase, with heavy rains in the Misiones Jungle and severe droughts in the Northwest deserts; very dry weather because of Andes mountain range.
The Cuyo region enjoys of relatively dry mild climate. Rains increase as it gets down the mountain range to the Patagonian region. The cold forests of the region have steady average rains brought by the Pacific winds that cross the Patagonia valleys (3000 a 4000 mm) The rest of Patagonia is desertic (200 to 300 mm - rains) and during the winter temperatures get below zero in the South, and reach polar temperatures in the Atlantic.
The characteristic winds of the country are the Pampero (from the Pampas), which is dry and cold, the North wind, humid and warm, the Sudestada (from the South), which is a shore wind, cold and humid and the Zonda, warm and dry.
Concerning the coast, the seasons have a big influence on the climate. Winter is very cold and rainy, with an average temperature of 10°C. On the other hand, the summer is warm, (over 24°C) humid and has a medium level of rains.
Summerizing, the average temperatures are: from November to March: 23° C and from June to September: 12°C.

OLAS DE ARGENTINA

Este país se caracteriza por tener un extenso litoral, cuna de muchas y muy variadas olas dispuestas a ser surfeadas.
Desde el norte de la provincia de Buenos Aires hasta el sur más sur del país, la provincia de Tierra del Fuego, existen innumerables points aptos para la práctica del surf. En la guía vamos a intentar darte toda la información disponible de cada uno de estos lugares.
Los mejores sitios, hasta ahora conocidos, se encuentran localizados en el sudeste de la provincia de Buenos Aires, más precisamente en las ciudades de Mar del Plata, Miramar, Quequén y Necochea, donde las olas alcanzan, en sus días clásicos, una buena calidad. Derechas e izquierdas perfectas, de buen recorrido, varias secciones y buen tamaño, points breaks y beach breaks variados y desembocaduras de ríos o arroyos, la cantidad de opciones es muy grande.
La mejor época para practicar este deporte, hablando de las olas, es durante las estaciones de la primavera (septiembre hasta diciembre) y sobre todo el otoño (marzo hasta junio), períodos donde los vientos (principales generadores de swells en la región) soplan con intensidad y frecuencia, generando olas que duran por varios días. Otra causa es que los vientos de superficie no son tan cambiantes, permaneciendo las buenas condiciones

DY

ARGENTINEAN WAVES

The main characteristic of Argentina is its long coast, origin of many and varied waves ready to be surfed. From the North of Buenos Aires province to Tierra del Fuego, the very South of the country, we find various surf points. In this guide will try to cover all the information of each of these places.
The best places to surf, known so far, are located in the Southeast of the province of Buenos Aires, specifically Mar del Plata, Quequen and Necochea, where the quality of the waves can get really good. Perfect rights and lefts, long ride, several sections and good size from 3 to 7 feet (1 to 3 meters), point breaks, beach breaks, river and stream estuaries; There are plenty of options.
The best time of the year to practice this sport, concerning waves, is during the Spring (September to December) and especially in Autumn (March to June) when winds are very intense and frequent producing waves that last for a couple of days.
Surface winds don't change so much, keeping good conditions all day long. Besides, the temperature during these seasons, the temperatures are pleasant.
In spite of this, and because Argentina is located at the extreme South of the American Continent, near the pole which creates the undulation of the South Atlantic, the Summer (December till mid March) also has good tides

durante todo el día. Además durante estas estaciones la temperatura ambiente es agradable.
Pese a esto, y por encontrarse Argentina situada en el extremo sur del continente americano, cerca de ese polo creador de ondulación que es el Atlántico Sur, el verano (diciembre hasta mediados de marzo) es una época donde también entran buenas marejadas y la temperatura ambiente es ideal y la del agua, si bien no es cálida, adquiere su mejor nivel en el año (llegando a rondar los 19° centígrados como temperatura media). En esta época el mejor momento del día son las mañanas cuando, generalmente, los vientos de mar (onshore), que perjudican la forma de las olas, soplan recién desde el mediodía.
El invierno, por el contrario, también es una época donde las olas entran con frecuencia pero el clima del agua y la temperatura ambiente, son muy fríos, haciéndose indispensable el uso de ropa de neoprene de la más gruesa intensidad.
Al margen de las zonas anteriormente mencionadas, sea para el norte de éstas o para el sur, hay muy buenos lugares para surfear, dentro de paisajes naturales únicos y con muy poca gente en el agua. Punta Médanos o Villa Gesell hacia el norte de Buenos Aires o El Espigón en la provincia de Río Negro y Playa Unión en Chubut, son sin duda algunos de los más conocidos points y donde hay una población de surferos amistosos considerable. Pero hay más, mucho más.
Ya han partido varias expediciones que han recabado importantes datos (que gracias a su gentileza te brindamos en la guía) sobre diferentes points situados a lo largo de toda la Patagonia y el sur argentino. Playas solitarias con olas prácticamente inexploradas, islas poco habitadas con rompientes vírgenes de excelente calidad, son los relatos que estos pioneros han traído. Y la invitación está hecha. Decenas de olas que, respetando el ambiente, esperan que las disfrutes.

and pleasant temperatures and the water, although not warm get their best level of the year (reaching the 19°C - average). During this season the best time of the day to surf is in the mornings, since the onshore winds that deform the shape of the waves start blowing at mid-day.
On the other hand, the winter is also a season of frequent waves, but the temperature of the water and of the environment is very cold. To surf here it is essential to wear very think neoprene suits.
Apart from these mentioned areas, either to the North or to the South, there are many good places to surf inside unique natural landscapes and not to crowded. Punta Medanos o Villa Gesell going North of Mar del Plata, or El Espigon in the province of Rio Negro and Playa Union in Chubut, are one of the most well known points with a friendly population of surfers. But there is more, much more.
Several expeditions have gone there and brought back information about different point located along the Patagonia and South of Argentina and thanks to their kindness we can include them in this guide. Deserted beaches, practically unexplored, islands with virgin waves of excellent quality are the tales that we've heard from these pioneers. And the invitation is made. Dozens of waves waiting for you to enjoy them.

MB

TEMPERATURA DEL AGUA

La temperatura del agua es el factor más importante a tener en cuenta en la Argentina. En los meses de julio, agosto y septiembre el agua llega a los 10° Celsius o menos, lo que nos da la pauta que más que un traje completo de surf hacen falta más cosas para meterse al agua.
Entre los meses de octubre a diciembre la temperatura mejora, llegando a los 16 o 17 grados. Así que un traje 3/2, o un patas largas mangas cortas es lo ideal.
Durante los meses de verano un spring es más que suficiente.
En el otoño (marzo a junio), la mejor época de olas, un 3/2 o un buen 4/3 flexible bastan para surfear cómodos y abrigados.

VIENTOS

El viento es otro factor esencial. En el verano hay que tener en cuenta que la Virazón va a venir todos los días (inversión de la corriente de aire local, pasando de un viento terral a uno del mar, generalmente al mediodía). Así que lo recomendable es levantarse temprano.
Durante los meses de primavera es común que haya vientos terrales muy fuertes por lo que se destaca por ser una época ventosa. Así los swells serán poco consistentes y con mucho viento off shore.
En otoño las condiciones son las ideales ya que suele haber poco viento y es cuando como consecuencia del movimiento del anticiclón del Atlántico hacia el sur, se generan muy buenos swells del sur y del invierno mejor ni hablar.

SALUD

Chequeo previo

Como primera medida previa a un viaje extenso, que sabemos pondrá a prueba nuestra salud, está visitar a un médico clínico para hacernos un chequeo general, y ver, por ejemplo, si no tenemos una ligera anemia,(bajo número de glóbulos rojos) si nuestro sistema inmunológico está en orden, etc.Es indispensable la visita a un médico, ya que el dirá lo que necesités para viajar sano y en condiciones.

WATER TEMPERATURE

The water temperature is the most important factor to take into consideration in Argentina. Between the months of July, August and September, the water hardly reaches 10°C or even less. So think that you'll need more than a complete wetsuit to get into the water.
Between the months of October and December, the temperature increases to 16 or 17° C. In this case, a 3/2 wet suit will be enough.
And for the summertime a spring wetsuit will be fine.
During the autumn (March to July) the best wave season, a 3/2 or a 4/3 will keep you comfortable and warm.

THE WINDS

The wind is a key factor in the summer you have to take into consideration that the Virazon (from the difference in temperature between sea and land) will blow everyday, especially at midday. So it will be convenient to get up early.
During the months of spring, it is very common to have very strong earth winds, it is considerate a windy season. Therefore, there are not many good swells, but plenty of offshore winds.
In autumn the conditions are ideal since there is not much wind and the streams coming from the South Atlantic cause good swells. Winter gets even better.

HEALTH

Previous checkout

It is convenient to have a health checkout before starting the trip to make sure that your health is fine and that you don't have, for instance anemia or that our immunology system is working well. The general checkout is sometimes useless. Your doctor will tell you what to check in your case.

DY

Botiquín de primeros auxilios

Si tu idea es acampar durante tiempos más o menos prolongados, no es mala idea que ya partas o que adquieras, eso lo verás de acuerdo a tu conveniencia, un botiquín de primeros auxilios. Algunos de sus componentes pueden ser: Aspirinas, antihistamínicos (alergias, fiebre alta, picaduras de insectos, etc), Prochlorperazine o metoclopramida para nauseas y vómitos, sobres de sales de rehidratación oral(OMS): para prevenir deshidratación, Repelente, crema protectora solar (factor de protección 15 o 30) y manteca de cacao. Calamina, o aloe vera: para tratar irritación por quemaduras de sol o picaduras de insectos, un polvo antimicótico, para micosis leves, un antiséptico para cortes o heridas, curitas, vendas y gasas, tijeras para cortarlas y guantes descartables para manipularlas. Si vas a lugares donde no haya agua potable o de dudosa potabilidad tabletas purificadoras de agua. Tampoco es mala idea, si tu presupuesto lo permite, llevar y un complejo multivitamínico para equilibrar algún desarreglo en nuestro habitual consumo de alimentos.

Vacunas

Para ingresar a la Argentina no es necesario aplicarse ninguna vacuna específica. como sí sucede en ciertos países de África, Asia o Sudamérica. Máxime si vamos a concentrar nuestra estadía en las zonas costeras, por lo general, cercanas a zonas urbanas y cuyos estándares sanitarios son medianamente buenos. Pero aun así, y teniendo en cuenta que lo que practicamos entra en la categoría de los llamados deportes de riesgo, no está demás aplicarse las dosis necesarias para cubrirse de cualquier infección (llamada aquí vacuna antitetánica). Tené en cuenta que no cubre cualquier infección. Sólo previene el tétanos, son necesarias las dosis adecuadas, no una, y luego un refuerzo cada diez años toda la vida, viajes o no.
Aún en las zonas más pobladas , hay lugares con "mosquitos" que transmiten enfermedades, como el Dengue.
Asesorate al respecto. También la Hepatitis A es endémica en algunos lugares, y puede transmitirse por el agua, por ejemplo con hielo hecho con agua contaminada, se recomienda la vacuna contra ésta enfermedad. También es importante tener completa la vacunación contra Hepatitis B (enfermedad de transmisión sexual), tan peligrosa y letal como el VIH.
Ahora, si además de disfrutar de las olas nuestra intención es conocer otras partes del territorio argentino, nuestro control debe ser otro. El sur no varía mucho de las zonas costeras pero el centro, norte, noroeste y noreste, si. Allí la salubridad está muy deteriorada y los grandes bolsones de pobreza, la alta temperatura y humedad, contribuyen a transformar a esas zonas en lugares de riesgo. Informate antes de emprender otro tipo de recorridos.

Dónde dirigirse para atención:

En Buenos Aires: Medicina del viajero, Hospital Muñiz. Se especializan en infectología, por lo que dan vacunas y además informan si aún no sabemos cuáles necesitamos. (Uspallata 2272. Tel 4304-2180. Int 231. Pabellon 30). La vacuna contra la fiebre amarilla se da en la Dirección Nacional de Fronteras (Av Huergo 690. Tel 4343-1190). Siempre ir con nuestros certificados de vacunación para que los médicos sepan como seguir desde ese punto.

En Mar del Plata: el I.N.E, en Colón y Salta, administra muchas vacunas, pero no hay personal especializado que sepa las que necesitamos de acuerdo al país, por lo que hay que ir lista en mano, previa averiguación, e igualmente nos pedirán receta de un médico para algunas de ellas. Lo mismo va para el IREMI situado en la misma ciudad, en San Martín 3752 (Tel 473-1896). Las vacunas de la fiebre Amarilla y la fiebre tifoidea se dan en la Dirección de Sanidad, Transporte y Fronteras, en el puerto, al lado de Prefectura Nacional.

HR

First-Aid Kit

If you are thinking of camping for rather long periods, it will be a good idea to take with you a first-aid kit. Some items we suggest are the following: aspirins, antihistaminic (allergies, high temperature, insect bites, etc), prochloperazine or metoclopramide for nauseas and vomits, hydrating salts (against dehydration), repellents, sunscreen (15 to 30 protection screen) and lip balm, calamine or aloe vera: to treat sunburn of insect bites, an antymicotic powder, an antiseptic for cuts, band aids, bandages, scissors and disposable gloves. If you are going to places were there is no drinkable water, you can take purifying tablets. And if your budget can afford it, it may be wise to take a vitamin complex to balance some disorder in our habitual consumption of food.

Vaccines

You don't need to get any vaccination to enter Argentina. as in other countries of Africa, Asia or South America. Especially if you'll stay in coastal areas, near urban areas with relatively good sanitary standards. But even so, and taking into account that you'll be practicing a "risky" sport; perhaps you should think of getting an antitetanic vaccination against any infection.
Even in crowded places, mosquitoes may transmit diseases, such as "dengue". Get informed. Hepatitis A is endemic in some places, transmitted by water, for instance ice made with contaminated water. It is always important to have the complete vaccination of the Hepatitis B (of sexual transmission), and dangerous and lethal as AIDS.

If you're planning to see more of our country, apart from surfing, there are some other facts that we should know. The South is pretty much the same as the coastal areas, but the center, north, northwest and northeast are different. In those places, the sanitary conditions are deteriorated, which together with the increasing poverty, high temperatures and humidity contribute in transforming these places into areas of risk. Get informed before making your trip.

Where to go for attention:
In Buenos Aires: Traveler's Medicine, Muñiz Hospital. They are specialized in infectology, so they give vaccination and give information. You can get the vaccine against yellow fever at the National Frontier Direction (Av Huergo 690. Tel 4343-1190). You should always go with your previous vaccination certificates, so the doctor knows how to continue.
In Mar del Plata: the I.N.E (National Institute of Epidemiology), in Colón and Salta, administrates vaccines, but there are no experts who can tell you what you'll need according to your country of origin. So you'll have to find out first; anyway, in some cases they will ask you for an order from a doctor.
The same thing happens at the IREMI (Maternity and Child Etcheverry Institute) located in the same city, San Martín 3752 (Tel 473-1896). You can get yellow and typhoid fever vaccinations at the Health, Transport and Frontier Direction, at the port in the Naval Prefecture.

DY

BREVE HISTORIA DEL SURF EN ARGENTINA

Según cuentan los pocos libros sobre su historia, fue recién entrados los años ´60, cuando en la ciudad de Mar del Plata el deporte de los reyes hawaianos ancló para siempre en nuestro país.
Hay varias teorías que intentan explicar cómo fue que llegó y quién fue el primero, pero lo cierto es que desde hace más de 40 años este deporte, con sus altibajos, siempre ha estado en constante crecimiento. Daniel Gil, Juan Carlos Giorgi, Luis Derrider, Tite Elizalde, Angel y Nino Antífora, Juancho De Leonardis, Sandy Errecaborde y Leandro Tiribelli, son sólo algunos de los nombres de aquellos pioneros que a bordo de pesados tablones de más de 3 metros de largo, sin pitas, se largaron a surfear las olas que rompían en la costa marplatense.
Los comienzos del surf en nuestro país están llenos de anécdotas e historias, de personajes increíbles, todos movidos por la pasión de surfear la próxima ola. (Un libro que te podemos recomendar, si querés conocer más detalles, es Surfeando Argentina, de Gabriel Nannini).
Punta Canteras (Waikiki), El Torreón y el Cabo (nombre con el que se conocía a Cabo Corrientes), eran las olas que los iniciadores del deporte eligieron por su calidad para dar sus primeros pasos. Estas olas hoy ya no están tal cual aquel entonces, las escolleras y diferentes obras de ingeniería hidráulica, modificaron estas rompientes se creía que para siempre. Sin embargo, cuando las condiciones son las adecuadas, y aunque no con la misma calidad, están volviendo a mostrar parte de su antiguo esplendor. Haciendo ver a los surfistas de las generaciones posteriores porque eran las elegidas.
Hoy la práctica del surf se ha extendido a lo largo de toda la costa de nuestro país, aún a recónditos y lejanos lugares del sur argentino.
Es importante destacar también el crecimiento que a tenido el surf, no sólo como deporte amateur, sino también a nivel profesional.
Crecimiento que ya a trascendido nuestras fronteras y ha pasado a ser un referente de lo mejor del continente, en todas las disciplinas, no sólo en tabla corta, sino también en longboard y bodyboard.
Las mujeres, que en un principio se limitaron sólo a acompañar a los surfistas hasta la playa (si bien hay registros de aquellos años de las primeras incursiones de las chicas en las olas), hace un buen tiempo que su participación ha sido más que activa. Hoy las chicas también

BRIEF SURF HISTORY IN ARGENTINA

As few books can tell, it was only by the 60s that the Hawaiian kings anchored forever their sport in Mar del Plata.
There are many theories that try to explain how it got here and who was the first, but the fact is that for more than 40 years this sport, with its ups and downs, has always been growing. Daniel Gil, Juan Carlos Giorgi, Luis Derrider, Tite Elizalde, Angel y Nino Antifora, Juancho De Leonardis, Sandy Errecaborde y Leandro Tiribelli, are some of the names of those pioneers that dared to surf the waves that break the Mar del Plata coast in 3 meter long heavy boards and without a leash
The beginnings of surf in our country are full of anecdotes, stories and incredible characters, all encouraged by the passion of surfing the newt wave. (A book that we can recommend, if you want to learn more is: "Surfing Argentina" by Gabriel Nannini)
Punta Canteras (Waikiki), El Torreón and the Cabo (short for Cabo Corrientes) were the waves that those who started this sport chose to surf because of their quality. These waves are not the same as they used to be; the piers and works of hydraulic engineering modified their break forever. Nevertheless, when the conditions are adequate, and although they are not the same quality, they can show their old beauty. And in this way, younger generations of surfers can see why they were the chosen ones.

MM HR

están dando mucho que hablar en los diferentes points (rompientes) donde se disputa el competitivo circuito organizado por la ALAS (Asociación Latinoamericana de Surf). Esto es muy destacable debido a que no es un deporte fácil y mucho menos en nuestro país, donde hay casi 8 meses de frío. Por eso este pequeño, pero merecido y sincero reconocimiento, a todos aquellos que en el pasado y en el presente, pusieron lo suyo para el bien de este deporte.

El presente del surf y el bodyboard en la Argentina

El surf en la Argentina tiene ya, años más, años menos, cuarenta pirulos. Desde aquellos pioneros hasta el presente,el deporte y la industria ha evolucionado constantemente. Hoy todos los días vemos en el agua deportistas que asombran por su habilidad y nivel.

Se ha transformado en algo común o habitual, enterarnos por distintos medios, de diferentes hazañas deportivas realizadas por surfistas profesionales y amateurs argentinos. Desde correr olas enormes, en remotos sitios, que antes nos parecían inalcanzables, sólo palpables por ese añorado póster colgado de la pared de la casa de nuestro viejos, hasta primeros puestos en competencias internacionales, cuyos podios antes sólo eran ocupados por países dónde el dedicarse al surf es más fácil. Podríamos darte cientos de nombres pero, seguro, estaríamos siendo injustos con muchos. Chicos y chicas que sobre sus tablas han abierto caminos que, no dudamos, serán transitados por muchos más y que sólo indican una dirección: hacia delante. No nos olvidamos de la cantidad creciente de los freesurfers. Esos soñadores que, por amor propio y en busca de ese alimento irremplazable que es el mar y las olas, enfrentando el frío y la falta de dinero, crecen en cantidad y demuestran su calidad, acá, en México, Hawai, Chile, Europa o donde sea.

El futuro se presenta promisorio para el surf a nivel profesional argentino, que ya tiene un lugar asegurado, en el mundo de las olas. Y no hace falta que nos adelantemos al tiempo para asegurar que el deporte llegó al país para quedarse y sentar raíces profundas que nada ni nadie, finalmente, podrá desenterrar.

MM

Today, the practice of surf has extended to the whole coast of our country, even to far away and hidden place of the Argentinian South.
It is important to also emphasize the growth that surfing has had, not only as an amateur sport, but also at a professional level. Growth that has gone beyond our frontiers and has become the best referent of the continent, among other disciplines; not only in short board, but also in longboard and bodyboard.
The women, who at first preferred to stay back and accompany the surfers to the beach (although there are some registries of few girls between the waves) they have started to make (for some time now) their participation more active. Nowadays, the girls have a good performance in the different points, where they dispute the competitive circuit organized by ALAS (Latin American Surf Association): This is really outstanding since it is not an easy sport and less of all in our country, with 8 months of cold weather. This is why, we like to make this small, but well deserved and sincere recognition to all those who in the past and in the present, gave their best for this sport.

Surfing today and bodyboard in Argentina

The surf in Argentina has already been practiced for approximately forty years. From the time of those pioneers and until today, the sport and the industry have grown considerably. Nowadays, we can see sportsmen in the water who amaze with their ability and level.
It has become habitual or common hearing in different means of communication about sports feats made by professional or amateur surfers. From riding enormous waves, in remote places, to obtaining good positions in international tournaments. We could many names, but we don't want to be unfair because we would most probably be forgetting many others.
Let us not forget about the increasing number of freesurfers. Dreamers, that just for the sake of it, and in search of the motto of sea and waves, put up with the cold and lack of money and show their good performance wherever they are: here, in Mexico, Hawaii, Chile or Europe.
The future looks promising for the Argentinian professional surf, since it has already assured a place in the world of the waves. And we are sure that this sport has come here to stay

COMO SE FORMAN LAS

Las olas en nuestro país se forman cuando se instala y/o desplaza un centro de baja presión en el Océano Atlántico. Esta depresión genera el movimiento inicial por lo que se lo denomina "Punto de generación".
La energía ondulatoria se comienza a trasladar por un medio de transmisión, dado que el agua tiene la característica sobresaliente de no interferir su energía, y además permite su alineación formando los típicos "trenes de ondas".
Las ondas se ordenan paralelas según su dirección, y también por su tamaño. Cuanto más grande es la onda (mayor amplitud), mayor será su velocidad de avance y mayor la energía que transporte.
Hay una regla básica: cuanto más viento, en un periodo de tiempo más largo y sumado a una distancia de recorrido más amplia, mayores serán las olas. De ahí que la Argentina jamás va a ser un lugar de olas grandes, ya que como los anticiclones se desplazan de oeste a este, de Chile a Argentina, no tienen espacio para desarrollar la energía necesaria que requiere una ola de gran tamaño.
Volviendo al tema de las ondas, cuando estas llegan a la costa sufren diferentes procesos. Uno de ellos se llama refracción y es el más importante surfísticamente hablando.
En un primer caso, cuando las ondas llegan a la costa y se encuentran con algún elemento de la playa como los bancos de arena, que en nuestra ciudad suelen ser alargados y paralelos a la costa (debido a las corrientes costeras), las olas se alinean e inciden de manera paralela a la playa. Son los denominados Beach Breaks.

HOW THE WAVES ARE FORMED

The waves in our country are formed when a center of low pressure is installed or moves in the Atlantic Ocean. This depression generates the initial movement, this is why it is called "Generation Point".
The undulation energy beings to move through a means of transmission, since the water has the outstanding characteristic of not interfering its energy, and also allows its alignment forming the typical "wave trains".
The waves are ordered according to their direction and wave size. The bigger the undulation (greater width), the faster the speed of advance will be and greater the energy it will transport.
There is a basic rule: the more the wind blows in a longer period of time , added to a longer distance, the bigger the waves will be. This is why Argentina will never be a place of big waves, since the anticyclones move from west to east, from Chile to Argentina. They don't have space to develop the necessary energy that a big wave requires.
Going back to the undulations, when these get to the coast they suffer different processes. One of them is called refraction and it is the most important when talking about surf.
In a first case, when the undulations get to the coast and find some beach element, such as sandbanks, (that in our city should be long and parallel to the coast due to coastal currents), the waves get aligned and have a parallel bearing on the beach. They are the called Beach Breaks.

roxy.com
R
O

MM

En un segundo caso están los Point breaks, como es una escollera o una punta o fondo de piedra, que lo que hace es interceptar directamente al tren de ondas, las cuales "pivotean" al obstáculo y toman una nueva dirección.
Ya que continuamos haciendo un breve resumen de algunos datos a tener en cuenta de nuestras costas y sus características no es menos importante la cuestión de las mareas.
Es archiconocido que el mejor momento para surfear cualquier playa es cuando la marea está subiendo, es decir de la marea baja a la alta. Hay un sinnúmero de procesos que inciden en la formación de las mareas, pero para ser súper concretos es formada por la fuerzas gravitatorias del Sol y la Luna. De ahí que con luna llena tengamos diferencias más notables entre la mínima y la máxima que con otro tipo de estado lunar.
Cada point varía de acuerdo a la marea y es por eso recomendable tener siempre a mano una tabla de mareas.
Siempre hay que acordarse de que cuando está bajo la ola tiende a cerrarse y es más chupada que con marea alta, aunque no es una ley muy exacta, ya que depende de cada lugar.

In a second case there are the Point breaks, like a concrete water break or a rock point or bottom of rock, which causes to intercept directly the wave train, which pivots the obstacle and take a new direction.
Since we continue making a new summery of some information of our coasts and their characteristics to take into account, the tides are also very important.
It is really well known that the best moment to surf is when the tide is rising, that is from the low to high tide. There are an endless number of processes that influence in the formation of tides, but to be really precise, it is formed by the gravitation forces of the sun and the moon. This is why we will have more noticeable differences between minimum and maximum than with any other lunar state.
Each point varies according to the tide and this is why it is recommended to keep a tide table handy.
You should always remember that when you are under the wave it tends to close and it is absorbed by the high tide. Although it is not a very exact law. It depends of each place.

MM

HR

DIFERENTES TIPOS DE OLAS

Las forma de las olas guarda relación directa con el fondo o superficie que provoque que éstas rompan. A continuación todos los tipos de olas:

Point break: se caracteriza por ser un fondo fijo de piedra, arena o coral. Presenta sus mejores condiciones cuando la ondulación tiene buen tamaño. Las olas que genera son de excelente calidad y forma, y suelen tener buen recorrido dado que la ola rompe siguiendo el diseño del fondo.
Beach break: es el tipo más común en nuestras costas. Es cuando la ola rompe al encontrarse con bancos de arena o fondos bajos de arena. Presentan olas rápidas y tubulares. No siempre están situados en el mismo lugar dado que los bancos se mueven debido a que las corrientes trasladan la arena de un lugar a otro.
Piers, rompe olas o escolleras: son estructuras hechas por la mano del hombre. Estas estructuras se hacen para acumular arena y suelen formar olas de buena calidad. Otras veces las aniquila para siempre.
No es una palabra muy feliz entre los surfistas argentinos.
Reef break: es la rompiente localizada sobre una plataforma de corales o piedras. Este fondo genera olas de buena calidad, perfectas y tubulares, donde el pico está localizado casi siempre en el mismo sitio. Estas olas varían mucho con la altura de las mareas.
River mouth: es una expresión en inglés que refiere a la desembocadura de ríos o arroyos. Estos cursos de agua generan olas similares a las del point break debido a que son corrientes que modifican los fondos

TYPES OF WAVES

The shape of the wave is closely related to the bottom or surface that provoke their break. Following, a list of the different types of waves:

***Point break:** characterized for its bottom of stone, sand or coral. Its best condition is presented when the undulation reaches a good size. The waves that generate are of excellent quality and shape and they usually have a good ride since the wave breaks following the design of the bottom.*
***Beach break:** This is the most common type in our coasts. They take place when breaks against sandbanks or shallow bottoms of sand. They present fast and tubular waves. They are not always placed in the same place, since the banks move due the fact that the currents transport the sand from one place to another.*
***Piers or stone piers:** are man-made structures. They accumulate the sand and usually make good quality waves. Other times, they destroy them. It is not pleasant words for most Argentinian surfers.*
***Reef break:** it is the break located over a coral or stone platform. They generate good quality and tubular waves, where the peak is always in the same spot. The waves vary a lot with the height of the tide.*
***River mouth:** refers to the mouth of rivers and streams. These watercourses generate waves similar to point break waves since they are currents that modify the bottoms.*

¿CÓMO SE PRONOSTICA UN SWELL?

Desde hace ya algunos años se puede pronosticar con bastante exactitud el tamaño de olas. Y no sólo eso, sino también el día exacto de su arribo a la costa.
Esta gran ventaja se debe al avance tecnológico de los últimos años. En alta mar se colocan boyas con transmisores especiales, que envían la información vía satélite. Estas boyas oscilan movidas por el movimiento de las ondas que por allí pasan. Todo ese cúmulo de datos (tamaño de onda, fuerza, intensidad, etc.) es recibida en los centros meteorológicos y volcada en los reportes y mapas de altura de onda.
Estos mapas mediante una escala de colores ubican las zonas o epicentros donde las ondas parten o se encuentran en su pico de altura. Generalmente en algún lugar del mapa hay una escala de referencia donde indica que color asigna a cada etapa de la onda, como así también al tamaño. Frecuentemente los swells más grandes se señalan dentro de la gama del rojo.
También en los mapas hallamos flechas blancas que, como se podrá imaginar, indican la dirección hacia donde las ondas se dirigen. Estos pronósticos, si bien poseen un margen de error, dan buenos resultados.
También hay otras páginas como www.windguru.com que hacen la traducción de los mapas por vos y te la vuelcan en unas planillas aún más fáciles de leer.
Hay lugares del mundo, como Hawai o Perú, por citar sólo algunos, donde estos mapas son de gran utilidad y eficiencia. Así los surfistas recorren, guiándose por esta valiosa información, en busca de las olas perfectas. En nuestro país son también de gran utilidad para los muchos surfistas y bodys que viven alejados de las zonas costeras y mediante estos datos pueden programar mejor sus días de surf. En el capítulo siguiente te vamos a sugerir algunos de los muchos sitios o mapas para predecir la llegada de las olas.

HOW TO FORECAST A SWELL?

For some years now, there is a way to forecast with precision the size of a wave. And not only that, you can also tell the exact date of arrival to the coast.
This great advantage responds to the technological progress of these last few years. Bouys with special transmitters are located into deep sea that send information via satellite. Buoys oscillate in simple harmonic motion as waves move past. All this infromation (size of the wave, strength, intensity, etc.) is received by the weather forescast centers and thrown into high undulation maps and reports.
These buoys oscillate by the movement of the waves that pass by that spot. All these information (wave size, ride and power, etc) is recieved in the weather centers and traduced into high ondullation maps and reports.
Through a scale of colors, these maps locate the areas and epicenter where the waves starts or is at its highest peak. Generally, somewhere in the map, there is a reference scale, which indicates the color asigned to each phase of the wave, as well as its size. Usually, the biggest swells are marked within the red color range.
In the maps we also find white arrows that as you can imagine, indicate the direction where the waves head to. These forecasts, usually give good result, although there is a margin of error.
There are otehr websites, such a www.windgurú.com that translate these maps for you and make charts easier to read.
There are palces in the world, such a Hawaii or Peru, just to mention a few, where these maps are very usefull and efficient. In this way, surfers can, guided by this informationHay lugares del mundo, search for the perfect waves. In our country, they are also useful for many surfers who live far away from coastal areas and like to program in a better way their surfing days. In the next chapter we will suggest some of the many sites or maps to forecast the coming of the waves.

MB

MAPAS DE OLAS

A continuación te pasamos algunos mapas de olas para que puedas anticiparte y predecir, ayudado por la tecnología, cómo van a estar las olas los próximos días:

windguru.com
Muy buen reporte de origen neocelandés. Se caracteriza por ser muy fácil de leer y además podés chequear directamente cómo va a estar el mar en Mar del Plata. Te brinda toda la info que necesitás: dirección de la ondulación, tamaño y frecuencia de las olas, dirección del viento y a qué hora rota.Tiene una anticipación con bastante certeza de tres días.

stormsurf.com
Esta página te lleva a muchos enlaces con reportes y mapas de olas. Es un muy buen punto de partida para chequear las condiciones del mar. Tiene un fácil acceso para ver las condiciones para nuestro continente sudamericano.

fnmoc.navy.mil
El más conocido de los sitios para predecir la formación de olas. Su hacedor es la marina de los EE.UU.

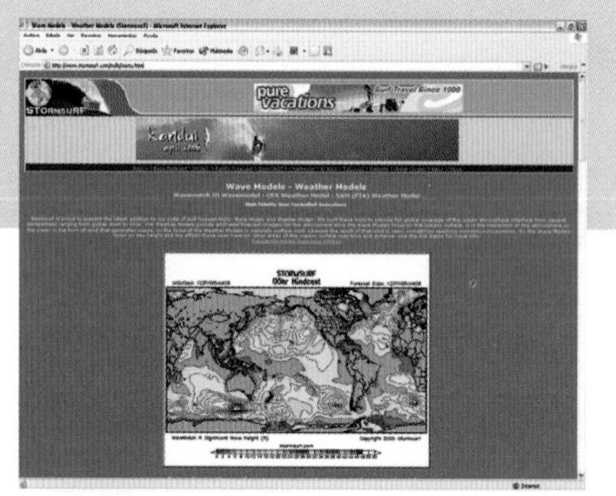

Wetsand.com
Un buen sitio que posee excelentes mapas y gráficos, muy fáciles de entender y comprender. Eso si, aplicando un poco el sentido común.

WAVES MAPS

Following you will find some wave maps for you to anticipate and forecast, with a hand of technology, how the waves will be like in the following days:

windguru.com
Very good repost of New Zealand origin. It characterizes for being easy to read and you can check directly how the sea will be like in Mar del Plata. If offers all the information you need: direction of the undulation, direction of the wind and what time it rotates and has an a quite precise anticipation forecast of three days.

stormsurf.com
This site has many links with reports and wave maps. It is a very good starting point to check the conditions of the sea. It has an easy access to see the conditions of our South American continent.

fnmoc.navy.mil
This is the most famous site to forecast the forming of waves. It is hosted by the marine of the USA.

wetsand.com
A good site with maps and graphics, very easy to understand and comprehend.

ALGUNAS NOCIONES BÁSICAS SOBRE LA SEGURIDAD EN EL MAR

El surf tiene dos aspectos que pueden llegar a ser peligrosos si no se tienen en cuenta algunas consideraciones. En primer lugar es un deporte donde hay adrenalina y donde la velocidad y la falta de tiempo para pensar ciertas acciones, lo convierten en algo muy intuitivo, que se va afinando a medida que se gana experiencia. Por otro lado se realiza en el mar, medio ajeno al hombre y, por lo tanto, potencialmente riesgoso si no se toman precauciones y no se realiza con responsabilidad. Sin olvidar que, generalmente, hay otros en el mar junto a nosotros.

A continuación algunos conceptos a tener muy en cuenta, casi como unos mandamientos si querés, a la hora de entrar al mar:

Es indispensable saber nadar bien.
Debemos conocer nuestras limitaciones.
Si no conocés el lugar donde te vas a meter informate con los guardavidas o con los locales acerca de las características de la ola y las corrientes.
Ante cualquier dificultad o evento imprevisto es vital controlar tus emociones.
Si estás envuelto en algún canal con corrientes no remes contra ella sino en dirección perpendicular, dándole prioridad a la tranquilidad mental, hasta que salgas

BASICS ABOUT SEA SAFETY

Surfing has two aspects that become dangerous if you don't take some considerations.
In the first place, it's considered a sport of adrenaline and where the speed and lack of time to think about certain actions, makes it something very instinctive, but which gets between as you gain experience.
On the other hand, this sport is practiced in the sea, which is somehow mysterious to man and therefore it can be potentially risky if you are not cautious and you don't

HR

practice it with responsibility. And what you must forget is that generally we are not alone in the sea.

Following some concepts to take into consideration, something like commandments if you wish, for the moment of getting into the sea:

You must know how to swim. This is essential.
You must know your limitations.
If you don't know anything about the place you are going to get in, get informed. Talk to the safeguards or the local people about the characteristics of the waves and the currents.
If you have any difficulty or unforeseen event, it is vital to control your emotions.
If you are tangled in a canal with currents, do not paddle against them, but in a perpendicular direction, giving priority to your mental ease, until you can get out.
When you get back to the point after a wave, get away from the peak and paddle away from where you are, to avoid colliding with or disturbing other surfers.
Respect the local people of each beach. Fortunately, in our country the localism is not big, so with respect you can surf at ease and safe.

RESPETO AL MAR

El respeto, no el temor, al mar es una norma básica de todos los que practicamos deportes en el océano.
Cada lugar presenta sus dificultades particulares, pero es necesario que sepas algunos conceptos básicos antes de adentrarte en el mar argentino.
Básicamente la costa argentina no presenta mayores dificultades, no se puede caracterizar como un sitio peligroso, habitado por fuertes corrientes ni grandes marejadas, pero como todo mar siempre guarda sus secretos y se presenta un poco imprevisible.
Antes de realizar tu primer metida es aconsejable, si hay, pedir recomendaciones y consejos a los guardavidas que seguro te van a ayudar. Ellos manejan el conocimiento día a día sobre el estado del mar.
Siempre que te metas cerca de escolleras o espigones tené en cuenta que a los costados suelen formarse canales que poseen cierta corriente. Nunca trates de luchar en contra de ella sino que si te encontrás en medio de uno lo aconsejable es que trates de salir en forma perpendicular.
Las zonas de rocas también presentan sus dificultades, dado que a veces también existen corrientes o chupones, estate atento y consultá con los locales de la playa para asegurarte de no correr riesgos.
En cada una de las playas te vamos a indicar su grado de peligrosidad.

RESPECT FOR THE SEA

A basic rule for all of us who practice ocean sports: respect (not fear) for the sea.
Each place presents its particular difficulties, but it is necessary for you to know some of the basic facts before getting into the Argentinian sea.
Basically, the coast does not present major difficulties, it cannot be characterized as a dangerous place, with strong currents or big tides. But like in any other sea, it keeps its secrets and can be a bit unpredictable.
Before going into the water for the first time, if you have a change, try to ask safeguards for recommendations and advise and surely they will help you. The handle the everyday knowledge on the state of the sea.
Every time you get near a waterbreak take into consideration that in the sides canals are formed with a considerable current. Never try to go against them, but try to get out in a perpendicular way.
The rocky areas also have the difficulties, since they can have currents. Be alert and ask the locals to make sure you are not running any unnecessary risks.
We will tell you the degree of danger of each of the beaches.

MEDIO AMBIENTE

Los guardianes del mar. Hace años que en EE.UU. surgió una organización ambientalista preocupada y ocupada en el cuidado del mar y las playas: The Surfrider Foundation. Su trabajo fue tan arduo y tan grande la necesidad de proteger los océanos, que pronto se comenzó a extender a diferentes partes del mundo. Hoy, prácticamente donde haya océanos, mares y playas, existe una filial de esta organización no gubernamental. Demás está aclarar que los surfistas son en gran parte quienes integran sus filas.

La Argentina no es la excepción a la regla. No está exenta de la contaminación latente de sus aguas y tampoco de la creación hace poco tiempo de La Surfrider Foundation Argentina. Y podríamos agregar, justo a tiempo.

De sobra sabemos las atrocidades que se han cometido contra el océano en nuestro país.

La falta de una cultura y de una comprensión que modificando un área natural, esta tiene una repercusión inimaginable e impredecible sobre el conjunto, no sólo ha arruinado, por citar un ejemplo, varios lugares únicos en Mar del Plata, sino que a costado mucho más dinero que si se hubieran tenido en cuenta estos factores. La ubicación incorrecta de la escollera sur ha determinado el futuro de moles de piedra arruinando el paisaje natural y clásico de Mar del Plata. Y no sólo eso. Los piletones de la zona norte han provocado que al estancarse, el agua pierda su pureza y provoque trastornos como otitis, problemas dermatológicos y oculares entre otras afecciones.

Así que cuando se habla del cuidado de los océanos no se habla sólo de las olas, se están tocando temas tan importantes como la salud de la población. Hoy existen antecedentes, estudios sobre cómo hacer las cosas bien, planificadas para que sean soluciones y no fuentes de futuros y nuevos problemas.

La Surfrider Argentina nos alerta sobre el enorme vacío legal que existe en cuanto al cuidado y la preservación de todo el ecosistema marino. El futuro de nuestro mar, para que podamos seguir disfrutándolo, no puede estar sólo en manos de políticos cuyo paso es efímero y que muchas veces poco entienden lo que están haciendo o firmando. Todos tenemos que participar. Si no sos parte de la solución, sos parte del problema.

Ahora en Necochea están extendiendo la escollera del puerto, movidos sólo por el interés comercial sin evaluar las consecuencias que esto tendrá para el medio ambiente. En Mar del Plata, vuelve a resurgir el tema de las espigones para proteger las playas, sin realizar ningún tipo de evaluación ambiental. La Surfrider ha impuesto un recurso de amparo, para detener el proyecto, pero la intención por parte del gobierno es clara. Involucrate, vivas donde vivas, es la única forma de no perder lo que tenemos.

THE ENVIRONMENT

Guardians of the sea. *Some years ago, in the US appeared an environmental organization concerned about the cities of the sea and the beaches: The Surfrider Foundation. Their task was so arduous and so big the needs to protect the oceans that they soon began to expand to different parts of the world. Today, they have a headquarter of this NGO wherever there is an ocean, sea or beach. And the local surfers are who have joined this organization the most.*

Argentina is not the exception to the rule. In the same way that it is not exempted from the water pollution, nor is it to the creation of the Argentine Surfrider Foundation. And we could add, just in time.

We certainly know the atrocities committed against the ocean in Mar del Plata, Miramar and Now Necochea. The lack of culture and the comprehension about the implications of changing a natural area, causes an unimaginable and unpredictable impact over the whole are, has not only ruined, for instance, several unique places of Mar del Plata, but has also cost a lot more money. The wrong location of the South breakwater has determined the future of giant rocks ruining the natural and classic landscape of Mar del Plata. And not only that; the pools of the Northern area, as the water gets

HR

stuck, it loses its purity and causes illnesses like otitis, or skin problems, or eye problems, among others.
So when we talk about the caring for the oceans we not only talk about waves, we are dealing important issues that is the health of the population. Today, there are records, studies of how to do things right, plan them so that they can come to solutions and not sources of future and new problems.
The Argentine Surfrider alerts us on the enormous legal emptiness that exists as regards care and preservation of the whole marine ecosystem. The future of our sea, cannot only be in the hands of some politicians, that very few times understand what they are doing or signing. We all have to participate. If you are not part of the solution, you are part of the problem.
Now in Necochea they are extending away the breakwater from the port, moved only by some commercial interest, and not evaluating the consequences that this will have on the environment. In Mar del Plata, they are considering back the issue of the waterbreaks to protect the beaches, without making any kind of environmental evaluation. The surfrider has imposed an appeal on the grounds of unconstitutionality to stop the project, but the intention of the government is clear. Get involved wherever you live. This is the only way of not losing what we have. For further

Para más información acá van los datos:
Information you can contact:
info@surfrider.org.ar.
Diagonal Alberdi 2585 1°A.
B7600GYG Mar del Plata, Argentina.

HR

DY

LOCALISMO

El localismo es un fenómeno raro y contradictorio. Por un lado es totalmente repudiable que se llegue a actos de violencia por disputarse una ola. Y por el otro es medianamente comprensible.
Los lugares de olas provocan en los surfistas la sensación de propiedad. Con los años, uno se hace como del lugar y lo llega a conocer en casi todas sus facetas, y entre quienes surfean habitualmente esa ola se crea como un lazo de camaradería, de afinidad muy fuerte. Así hay surfistas que sólo se meten si rompe determinada ola y no otra. Y hay quienes se meten al mar durante todo el año, sufriendo en ciertos momentos las inclemencias del tiempo, pero siendo fieles a esa determinada rompiente. Es de esta manera cuando al venir un "extraño" y si este falta a las reglas básicas del surf, el local lo tome como una agresión y actúe como si lo fuera.
En nuestro país no se puede hablar de localismo en el sentido que se puede hablar en Hawaii, siendo este el ejemplo más cabal de este fenómeno. Como las olas cambian mucho, los surfistas nos vemos obligados a emigrar por todas las playas buscando las mejores condiciones para el día. Aun así, y en mayor medida, en las grandes ciudades como Mar del Plata, Miramar y Necochea, hay ciertos lugares que sí tienen sus locales. Pero todo esto se soluciona de una manera: respetando. El respeto es la base de todas las actividades humanas y el surf no es la excepción. Es más, es algo que es inevitable dado que las olas en cantidad son las mismas y los surfistas, año a año, somos cada vez más numerosos.

HR

HR

LOCALISM

The localism is a strange and contradictory phenomenon. On the one hand, it is totally condemned to have to get to violence over a wave. But on the other hand, it is quire comprehensive.
The places where there are waves, make surfers feel a sense of property. With the years, one feels part of the place and gets to know every part of it, and among those who surf a particular wave create a fraternity, a very strong affinity. Therefore, there are some surfers that only get in if a determine waves breaks and not another one. There are who get in the water during the whole year round, suffering the inclemency of the weather, but being loyal to a particular wave break. This is why is a "foreigner" comes and doesn't respect the basic surfing rules, the local surfer takes it like an aggression and acts as if it really were.
In our country you can talk about localism in the same way that you can talk in Hawaii, being this the best example of this phenomenon Since the waves changed a lot, the surfers are forced to migrate to other beaches searching for better conditions. Even like this, in the big cities like Mar del Plata, Miramar and Necochea, there are certain place where there are local surfers. But this can only by solved in one way: respecting. Respect is the basis for all human activities and the surf is no exception. Actually, it is something that inevitable because the number of waves are the same and the surfers, year after year, increase considerably.

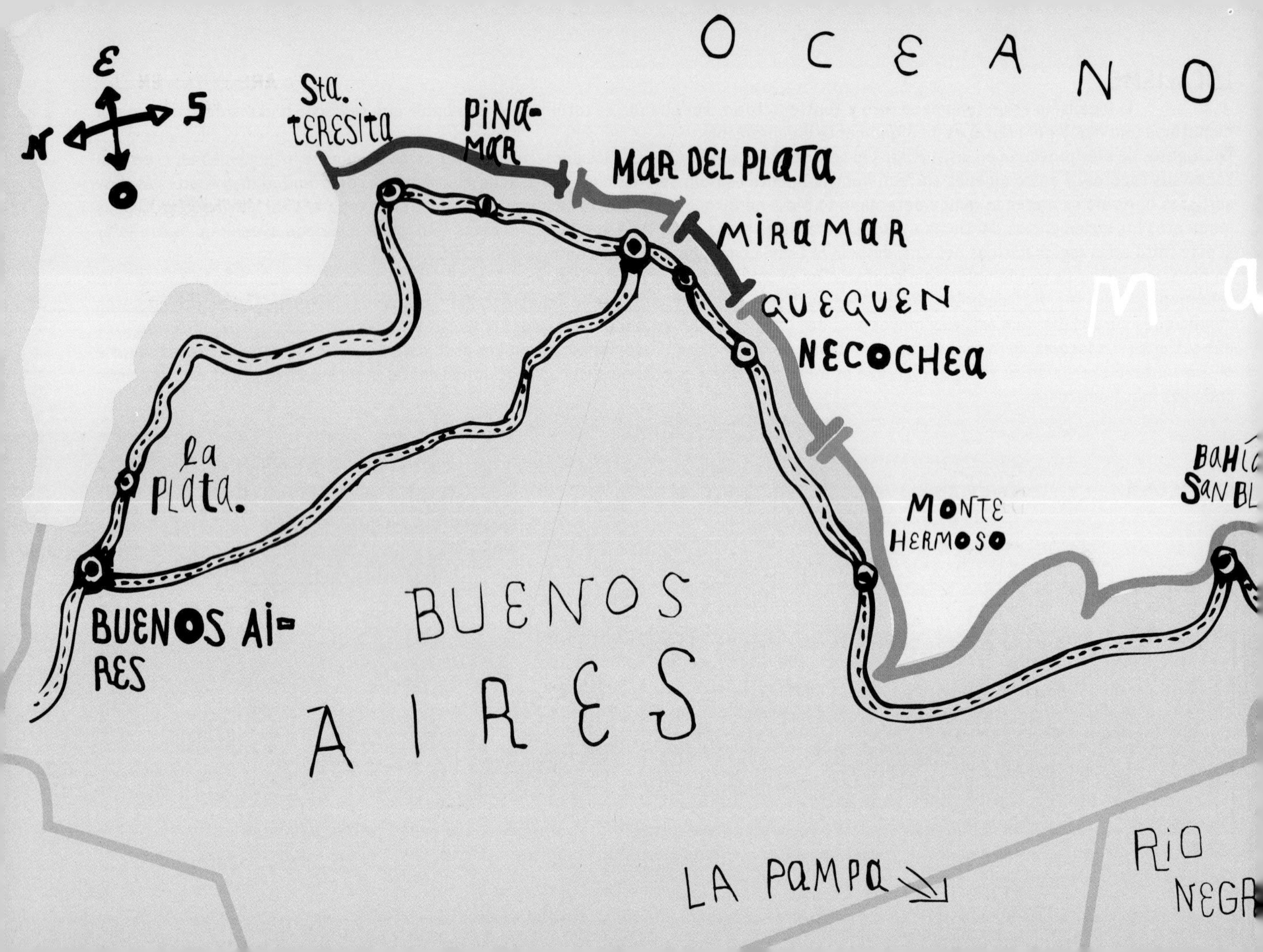

OCEANO
E
S
N
O
Sta. TERESITA
PINA-MAR
MAR DEL PLATA
MIRAMAR
QUEQUEN
NECOCHEA
La PLata.
MONTE HERMOSO
BUENOS AI-RES
BUENOS AIRES
LA PAMPA
RIO NEGR

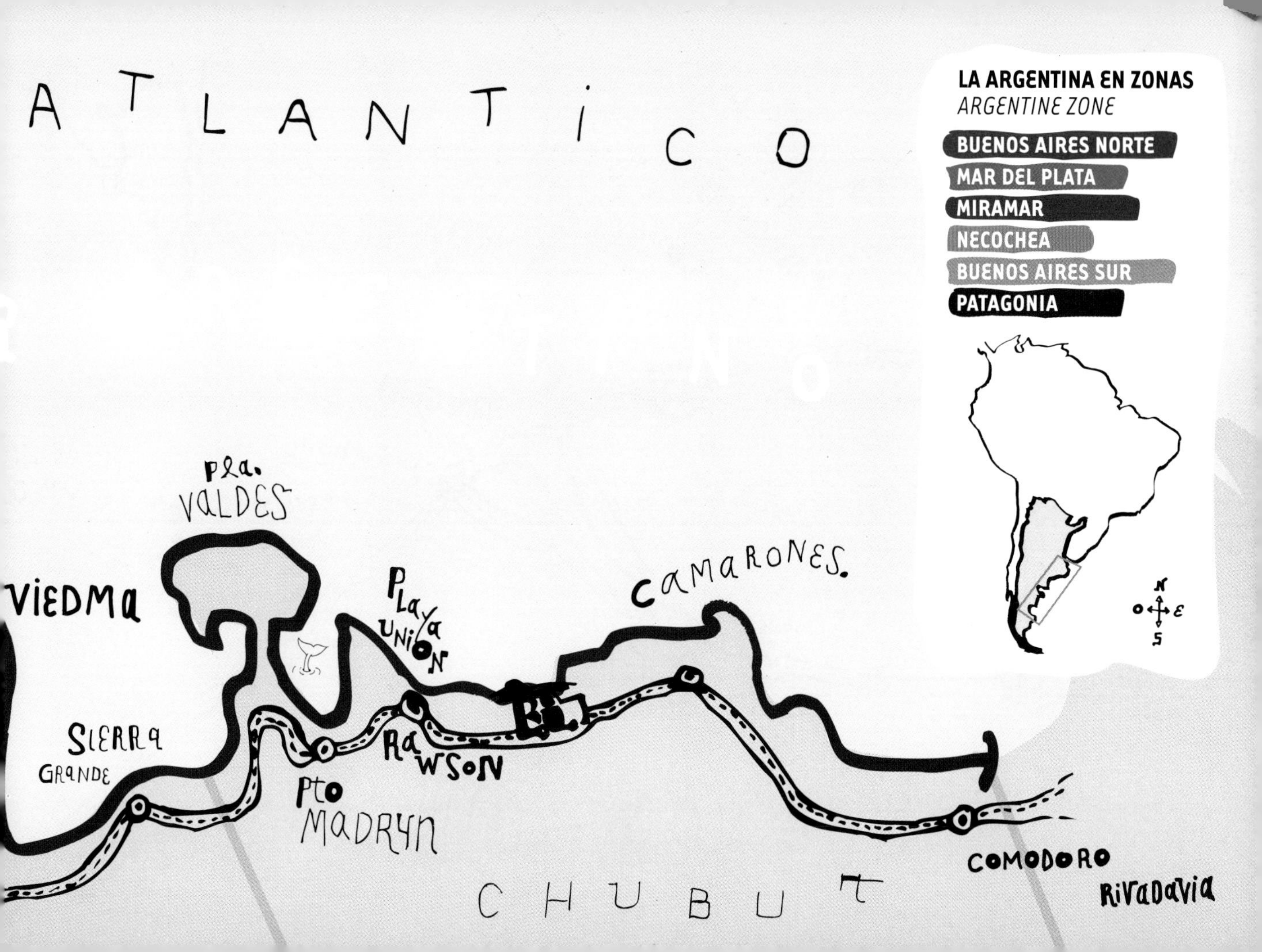

LA ARGENTINA EN ZONAS
ARGENTINE ZONE

- BUENOS AIRES NORTE
- MAR DEL PLATA
- MIRAMAR
- NECOCHEA
- BUENOS AIRES SUR
- PATAGONIA

ATLANTICO

Pla. VALDES

VIEDMA

Playa UNION

CAMARONES.

SIERRA GRANDE

RAWSON

Pto MADRYN

COMODORO RIVADAVIA

CHUBUT

N O E S

Mar Argentino

San Clemente del Tuyu

Sta. Teresita

San Bernardo

Mar de Ajo

Pinamar

Villa Gesel

Mar Azul.

11

11

2

Gral. Madariaga

Pcía. Buenos Aires

A Buenos Aires

A Mar del Plata

N E S O

N E O S

BUENOS AIRES NORTE / *BUENOS AIRES NORTH*

En esta zona incluimos todo el norte de la provincia de Buenos Aires, desde el Partido de la Costa hasta las villas balnearias más al sur de Villa Gesell.

This area includes all of the province of Buenos Aires, from the Partido de la Costa to the beach villages south of Villa Gesell.

COMO LLEGAR

Tierra. Existen dos caminos para llegar a esta zona de la provincia, tomando como punto de partida la ciudad de Buenos Aires. La primer opción es tomar la Ruta 36 en el Cruce de Alpargatas, empalmar con la Ruta 11 (pasando Pipinas) y girar hacia la izquierda en la rotonda de General Conesa hasta La Costa. La segunda comienza en la Ruta 2 hasta la Ciudad de Dolores donde se empalma con la Ruta 63 hasta Esquina de Crotto, doblando a la derecha por Ruta 11 hasta General Conesa y en la rotonda desviar a la izquierda hasta La Costa.

Aire. En los meses de verano funcionan vuelos desde y hacia la ciudad de Buenos Aires. Los días de los vuelos son los viernes y el horario 17:20hrs. El destino es la ciudad de Santa Teresita. Los datos para comunicarte: Aeródromo de Santa Teresita.(02246) 420346. Para realizar consultas sobre tarifas o realizar una reserva en forma telefónica (durante temporada alta) podés hacerlo llamando al 0810-810-LADE (5233)

FD

HOW TO GET THERE

By land. *There are two ways by land to get to the Partido de la Costa from Buenos Aires: The first alternative is to take route 36 in the intersection with "Alpargatas", then you can retake route 11 (after Pipinas), then turn left in the General Conesa roundabout until The Coast. The second alternative starts in route 2 up to Dolores, then connects with route 36 up to the "Esquina de Crotto". Then, you turn right to route 11 up to General Conesa. In the roundabout turn left and drive until you get to The Coast.*

By Air. *You can also go by plane to the Partido de la Costa. During the summer seasons, there are flights from and to the city of Buenos Aires. There is a flight on Friday at 5.20 p.m. to Santa Teresita.*
Below the telephone number if you want get in contact: Santa Teresita aerodrome: (02246) 420346. For enquiries about costs or make a telephone reservation (during summer season) you can call al 0810-810-LADE (5233)

PARTIDO DE LA COSTA

Está ubicado a 292 kilómetros de la ciudad de Buenos Aires.

En sus casi 100 kilómetros de extensión, el Partido de la Costa es una buena alternativa donde vas a encontrar de todo para divertirte y pasarla bien.

Está compuesto por 7 ciudades y 12 balnearios. De norte a sur las ciudades que lo integran son: San Clemente del Tuyú, Las Toninas, Santa Teresita, Mar del Tuyú, La Lucila, San Bernardo y Mar de Ajó.

Si bien cada una de ellas están situadas muy próximas entre sí, conservan características especiales, que ayudan a diferenciarlas y a que elijas la que más se adecua a tu viaje. Por ejemplo La Lucila, Las Toninas o Mar de Ajó, todavía conservan esa mezcla de campo y playa, donde prima la tranquilidad, la calma y se respira un aire familiar. Otras, como pueden ser San Bernardo o Santa Teresita, donde la playa está acompañada también por un ritmo más agitado, típico de las zonas más urbanizadas, con actividades, tanto de día como de noche, focalizadas hacia los jóvenes.

Pero por sobre todo, lo que invade la zona es la playa y el mar, durante la temporada el ritmo del día está marcado por las actividades que se desarrollan allí.

PARTIDO DE LA COSTA

The Partido de La Costa is located 292 km Southeast from the Province of Buenos Aires. It occupies a coast line, 96 km long and from 2 to 4 km wide; a good alternative to have a good time.

It is composed of 7 cities and 12 beach resorts. From north to south: San Clemente del Tuyú, Las Toninas, Santa Teresita, Mar del Tuyú, La Lucila, San Bernardo y Mar de Ajó.

Although all of them are very near to each other, they all keep their own style, which makes everyone different and helps you choose the one you think will be most suitable to your trip. For example, La Lucila, Las Toninas or Mar de Ajo, are the ones that maintain this mixture of countryside and beach, where you will find peace and quiet and there is a more familiar environment. Others like San Bernardo, for instance or Santa Teresita, you will find it more like an urban area, full of activities, especially for young people, for both day and night

FD

+INFORMES / *INFORMATION*
Buenos Aires: Bartolomé Mitre 737.
T: (011) 4394-2330 / 4394-2506
Partido de la Costa:
T: (02246) 433-096 / 433-035
www.lacostaturismo.com.ar
info@lacostaturismo.com.ar

PINAMAR

Es la ciudad turística más top de la Costa Atlántica. Ubicada en la provincia de Buenos Aires, se encuentra a 340 km de Capital Federal, rodeada de todo aquello que la naturaleza y el tesón de sus pioneros le han brindado: dunas, el verde de sus bosques y el mar.

En esta ciudad se pueden realizar las más diversas actividades. Si además del surf te atraen otro tipo de deportes náuticos, este es un buen punto para la práctica del windsurf, jet ski, wakeboard y kitesurf. Un lugar recomendado es Sport Beach (www.sportbeach.com.ar) , que como sus hacedores la definen, es una playa náutica y de deportes no tradicionales. Lugar además donde se realizan eventos, campeonatos, demostraciones y donde abunda la buena música.

Otro sitio para esta temporada 2006 será la playa que la producción del programa de televisión 5ta a Fondo inaugurará en las arenas de esta movida ciudad.

Por supuesto todo el movimiento nocturno es otro de los atractivos de esta ciudad: bares, paradores, pubs, discos, habitan también sus calles y playas.

Casi pegado la exclusiva Cariló es la otra cara de las vacaciones: poblado de bosques, de la más profunda calma y de un ambiente ideal para descansar con la familia.

PINAMAR

Is the top touristic city of the Atlantic coast. Ubicada en la provincia de Buenos Aires, se encuentra a 340 km de Capital Federal, rodeada de todo aquello que la naturaleza y el tesón de sus pioneros le han brindado: dunas, el verde de sus bosques y el mar.

In this city you can do all kind of activities. If you also like other kind of water shorts, this is a good place to practice windsurf, jetski, wakeboard and kite surf. We can recommend Sport Beach (www.sportbeach.com.ar), that like their visitors define it, it is a nautic beach of non traditional sports. They also carry out events, tournaments, shows and good music.

Another place for the 2006 season will the beach where the production of the 5ta a Fondo television prgram will inaugurate in the sands of this city.

No doubt, one of the biggest attractions of this small, but active city, is the magical combination of the woods, the sand and the sea.

Nearly next to it, you will find Carilo; the other face of vacations: woods, peace and quiet and and ideal environment to rest with your family.

+INFORMES / *INFORMATION*
Buenos Aires: Florida 930 5° A.
T: (011) 4315-2679 / 80.
Pinamar:
T: (02254) 49-1680 / 57-'773
www.pinamar.gov.ar
unestilodevida@pinamar.gov.ar

FD

VILLA GESELL

Fundada por Carlos Gesell sobre unos terrenos en 1931, es en la actualidad uno de los mejores balnearios e imanes turísticos del Atlántico.
La ciudad se levanta moderna y poblada, pero respetuosa del entorno natural. Y conservando, por supuesto, ese clima de villa balnearia, donde es posible hallar calles cortadas, repletas de arena, que mueren frente al mar .
La noche en Gesell es intensa, con gran

VILLA GESELL

Founded in 1931 by Carlos Gesell. Today, one of the best beach resorts and tourist magnets of the Atlantic.
Modern and populated, but respectful of the natural environment. And of course, maintaining the spirit of a beach village, where you can find streets made of sand that die at the feet of the sea.
The night in Gesell is intense, with a large number of bars, restaurants, discos y and beach bars on the beach. And conserves the hippie air that characterized it in the 60s as a peaceful and relaxing place. On the other hand, the music is one of the most

cantidad de bares, restaurantes, discos y paradores apostados en la playa. Y conserva ese aire hippie que la caracterizó desde los años´60 como un lugar de libertad y descanso. La música ocupa sin dudas un lugar preponderante en su oferta de diversión. Gesell es cita obligada para las más notorias bandas del país. Además, desde hace varios años, se viene realizando el Gesell Rock, festival que aglutina a las mejores bandas y solistas de la Argentina, más algunos invitados del exterior.
Y de día se impone su hermosa playa, de 10 km de largo y prácticamente llanas. En ellas sucede de todo: desde un grupo de personas cabalgando sobre un médano solitario a un recital de una conocida banda, tocando sobre un parador repleto de jóvenes. Uno de los lugares recomendados es el Parador de Windy, conocido point donde se junta gran parte de la población surfera de la ciudad.
Ubicado a sólo 8 kilómetros de Villa Gesell, Mar de las Pampas es una villa balnearia habitada por un profundo silencio, sólo quebrado a veces, por el rugir del mar o el viento que mece los pinos, acacias, eucaliptos y cipreses. Cerca de él, otras villas como Mar Azul regalan tranquilidad y descanso.

outstanding offers when it comes to having fun. Gesell is a must for all the bands of the country. For several years now, Gesell has been the host of the Gesell Rock, a rock festival that gathers the best bands and sigers of Argentina and even from abroad. And during the day, its beautiful beach; 10 km long and practically plain. Anything may happen in them: from a groups pf persons horse riding through deserted sand banks or a famous band, playing in a beach bar for of people. A recommended place: Windy beach bar, where most of the surfing community hangs out.
Only 8 km from Villa Gesell, Mar de las Pampas, there is a beach village immersed in a deep silence, where you can only hear every now and then the roaring of the sea of the wind that rock the pines, acacias, eucalyptus y cypresses. Near, other villages, such as Mar Azul offer peace and quiet. A great place to rest.

+INFORMES / *INFORMATION*
Buenos Aires: Bartolomé Mitre 1702
T: (011) 4374-5089 / 99 / 5199
Villa Gesell:
T: (02255) 45-5988 / 8118
www.gesell.gov.ar
turismo@gesell.com.ar

SURF AVENTURA

Punta Médanos. Si te gustan los surftrips a lugares inhóspitos, es recomendable ir a Punta Médanos.
Este lugar está situado entre Mar de Ajó y Pinamar. El acceso es desde la ruta Interbalnearia. El sitio figura como Faro de Punta Médanos. Una vez allí tenés que buscar vos mismo el point dado que tampoco hay algún accidente determinado que provoque una rompiente definida.

El lugar tiene una mística particular dada también por ese faro derruido testigo de la soledad de la playa.

Los mejores swells para esta zona son los del este, del sudeste o del sur. Y el viento ideal es el terral suave. Al ser una punta recibe buenas olas desde diferentes direcciones, y al no tener localidades cercanas podrás surfear buenas olas solo.

La zona, al estar formada por enormes médanos de arena es muy buena también para la práctica del deporte extremo dueño de las dunas: el sandboard. Y pensándolo bien si vas equipado nunca te vas a quedar sin hacer nada dado que también es muy bueno para la práctica del Kitesurf o del Windsurf.

Se debe tener precaución, por que al ser una zona de aguas profundas, es una lugar conocido por los pescadores aficionados a la pesca del tiburón. Dicen los que saben que han sacado ejemplares de muy buen tamaño.

SURF ADVENTURE

Punta Médanos. *Si te gustan los surftrips a lugares inhóspitos, es recomendable ir a Punta Médanos.*

This place is located between Mar de Ajo and Pinamar. The access from the Interbalnearia route and neighboring areas is signaled as "Faro de Punta Medanos" (Punta Medanos Lighthouse).

You will find the best swells for this East area, Southeast or South. And the ideal wind is the soft offshore wind. The wind comes on end, which gives good waves from different directions, and since there are no other towns nearby, you'll be able to surf these good waves all by yourself.

The area, formed by enormous sandbanks, is also great for the practice of the extreme short, owner of the dunes: the sandboard. And thinking twice, if you go well equipped, you'll always have something to do, since the area is also excellent for practicing Kitesurf or Windsurf.

But you must take a precaution. This is an area of deep waters and a well-known area to the amateur fisherman of sharks. Those who know say that they have fished big ones.

FD

OLAS: CONSIDERACIONES GENERALES

Mejores lugares. Los lugares en donde más se surfea en la costa norte son: Santa Teresita, Mar de Ajó, Punta Médanos, Pinamar y Villa Gesell.

Características. Sus playas son abiertas y las únicas irregularidades de la costa son los muelles de pesca, que varían levemente el borde costero y los bancos de arena. Generalmente los lugares para surfear en cada localidad son pegados a estos muelles. Estos sitios cambian dependiendo de donde se formen los bancos de arena aptos para que entre una buena rompiente.
Se puede surfear tanto con marea alta como con baja. Los fondos de la zona norte se caracterizan por tener bancos de arena y canaletas paralelas a la costa, y que dependiendo de la marea se surfea en la primer rompiente o en la segunda.
La costa norte tiene por característica principal las fuertes corrientes laterales, que hacen que mantenerse en un lugar fijo sea muy difícil. Generalmente con vientos del norte y noreste, y sur y sudeste, las corrientes laterales son muy fuertes, llegando a recorrer uno o dos kilómetros en una sesión de una hora de surf.
Las olas son de tamaño mediano a pequeño. No superan los 4 pies.
El color del agua es oscuro por los restos de lodo que proviene de la desembocaduras de las rías de Sanborombón y del Río de la Plata.

WAVES: GENERAL CONSIDERATIONS

Best places. *The best surfing points in the North coast are:*
Santa Teresita, Mar de Ajo, Punta Medanos, Pinamar and Villa Gesell.

Characteristics. *The beaches are open and the only irregularity is that they have fishing piers, that slightly vary the coastal border and sandbanks.*
Usually, the places to surf in each of these areas are next to these piers.
There are other good place that vary according to where sandbanks are formed and made a good break.
The best tides to surf, range according to the kind of wave that is coming, but you can generally surf with high or low tide.
The bottoms of the Northern area have sandbanks and gutters parallel to the coast, and depending on the tide, you can surf on the first or second break.
The North coast main characteristics are strong lateral currents, which makes it difficult to stay in one place, generally with North, Northeast and South and Southeast winds, the lateral currents are very strong. At times, you can surf one or two kilometers in one hour of surf.
The waves are medium to low size. They do not exceed 4 feet.
The color of the water is dark due to mud remains from the estuary of the Samborombon river and River Plate.

Mejores ondulaciones. La ondulación del sur entra con mejor fuerza en las zonas cercanas a Pinamar y Villa Gesell.
La ondulación que entra del norte suele llegar más rápidamente y con mejor fuerza en la zona norte de Santa Teresita, San Bernardo y Mar de Ajo.
Las ondulaciones que traen mejores olas son las del noreste y las del sudeste. Suelen haber hasta 3 y 4 rompientes y el recorrido es de regular a bueno.

Mejor momento. Al ser playas muy abiertas, los vientos revuelven y pican rápidamente el mar, siendo el mejor momento del día las mañanas con buenos swells del noreste o sudeste y sin viento o suaves vientos del oeste.

Localismo. El localismo y el crowd, salvo raros días, son muy escasos. Podés surfear solo la mayoría de los días. En verano los problemas los tenés en las zonas céntricas de las principales ciudades, debido a que la gran afluencia de turismo incrementa también la cantidad de gente bañándose en lugares donde también rompen las olas.

FD

Best undulations. *The South undulation has a stronger force near the Pinamar and Villa Gesell areas.*
The undulation coming from the North usually gets faster and with more strength in the North area Santa Teresita, San Bernardo and Mar de Ajo.
The undulations or swells that bring best waves come from the Northwest and Southwest. There can be up to 3 or 4 breaks and the ride is regular to good.

The best moment. *Since the beaches are open, the winds stir and make it rough more rapidly. So, the best time to surf is during the mornings with good swells from the Northeast or Southeast and soft to no winds from the West.*

Localism. *The localism and crowd are very few, except on rare days. You can surf all by yourself most of the days. During the summer, you have problems in the centric areas of the main cities, since the arrival of so many tourists also increase the number of people bathing in places that waves break.*

SPORTBEACH /// SUMMER 2006
www.sportbeach.com.ar / pinamar / ba / argentina

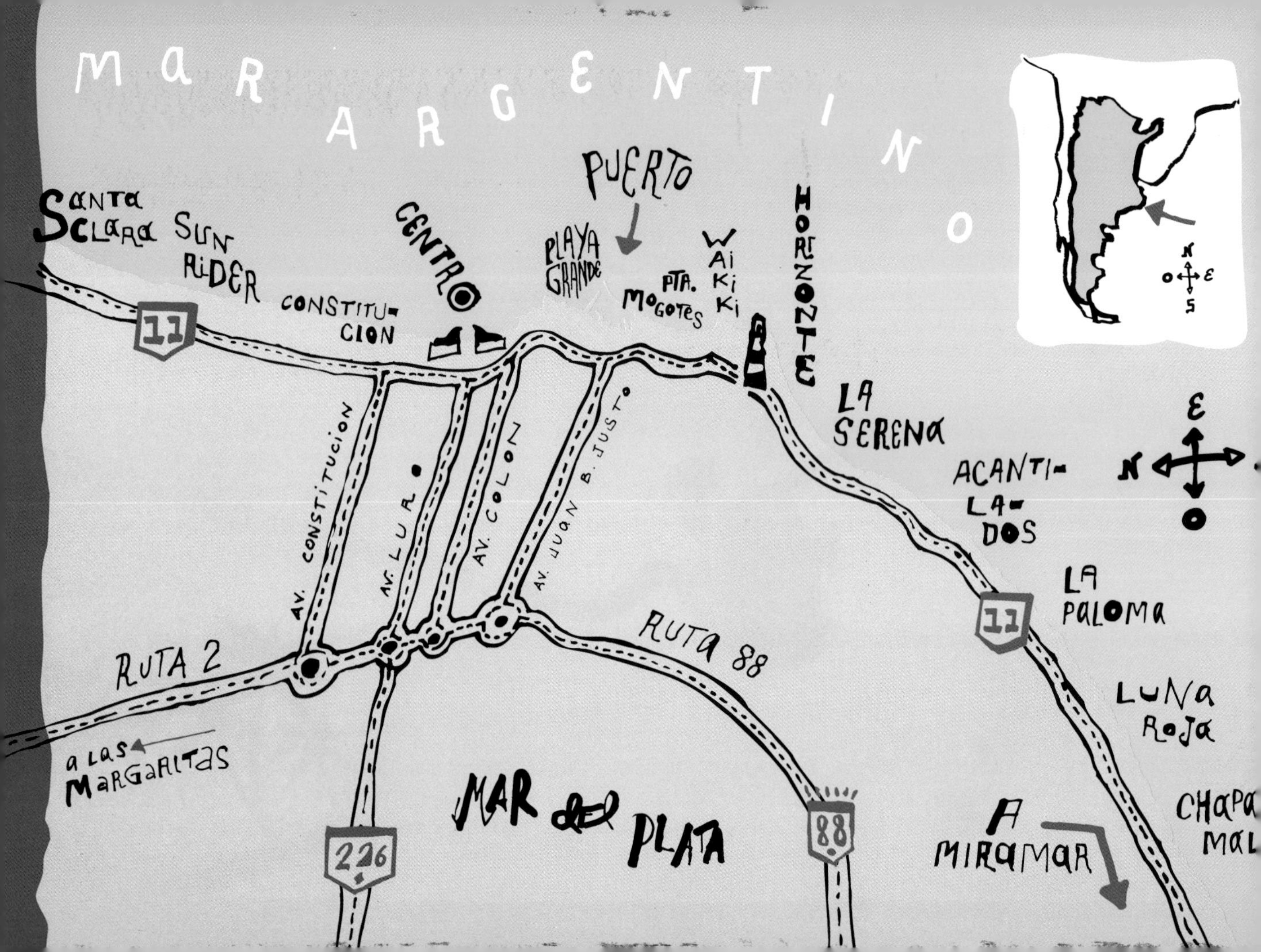

MAR ARGENTINO

PUERTO

Santa Clara

Sun Rider

CENTRO

PLAYA GRANDE

PTA. MOGOTES

WAIKIKI

HORIZONTE

CONSTITUCION

11

AV. CONSTITUCION

AV. LURO

AV. COLON

AV. JUAN B. JUSTO

LA SERENA

ACANTILADOS

LA PALOMA

11

LUNA ROJA

CHAPADMAL

RUTA 2

RUTA 88

a las MARGARITAS

MAR DEL PLATA

226

88

A MIRAMAR

N E S O

N E O

ALGUNOS DATOS

La ciudad de Mar del Plata se encuentra recostada sobre el Océano Atlántico y limita al sur con la vecina y próxima ciudad de Miramar y al norte con la pintoresca Santa Clara del Mar.
Habitada originariamente por los indios pampas fue reconocida como ciudad por el gobierno nacional en 1874.
Es una de las ciudades más importantes de la Argentina, en cuanto a población y desarrollo. Posee una población estable de aproximadamente 600.000 habitantes y una superficie de 1453 km.
Sus principales actividades económicas giran en torno a la pesca, la industria textil y a una incipiente, pujante y variada actividad industrial.
Como dato importante hay que destacar que desde 1923 posee uno de los puertos pesqueros más importantes del país, apto para recibir embarcaciones de todo tipo y calado, lo cual le brinda un posición privilegiada sobre otras ciudades marítimas.
El turismo es otra importante actividad y fuente de ingresos para esta ciudad. Sin duda, uno de sus principales encantos radica en que combina el movimiento y actividad de una gran urbe, junto a una fuerte interacción con la naturaleza, haciéndose palpable esta comunión en su vínculo con el mar. Pero no sólo en verano son sus playas las que año a año atraen a miles de visitantes, argentinos y extranjeros, sino que en invierno, o en cualquier época del año, quién la frecuenta halla un faceta distinta pero igualmente cautivante y bella.

SOME DATA

The city of Mar del Plata extends along the Atlantic Ocean. Its neighbouring cities are Miramar to the south and beautiful Santa Clara del Mar to the north.
Originally, it was inhabited by the Pampa Indians. In the year 1874 it was declared a city the national Government.
It is one of the most important cities of the country, as regards population and development. It has a stable population of 600.000 inhabitants and a surface area of 1453 km2.
The main economic activities are fishing, textile industry and a growing industrial activity.
As an important fact we stand out that since 1923 Mar del Plata has one of the most important harbors of the country, capable of receiving all kinds of ships. This gives the city an important position compared other maritime cities.
We must stress that the harbor of Mar del Plata, built in 1923 is one of the most important in the country. Another advantage over other maritime cities.
Tourism is another important activity. It is a combination of a busy city with a strong natural environment, connected to the sea. Not only summer time attracts local and foreign tourists, but also wintertime is also very charming.

UBICACIÓN GEOGRÁFICA

Mar del Plata está ubicada a 404 km de la ciudad de Buenos Aires sobre el Océano Atlántico.

LOCATION

Mar del Plata is located 404 km from the city of Buenos Aires, on the Atlanctic Ocean.

CÓMO LLEGAR DESDE BUENOS AIRES
HOW TO GET THERE FROM BUENOS AIRES

Autovía 2: 404 km.
Ruta 11: 602 km.

DY

LAS OLAS, EL VIENTO Y EL SUCUNDUM

Las olas que rompen en la ciudad y se puede decir que en toda la costa argentina son producidas por el viento. Generalmente los vientos del cuadrante sur (sur, sudeste y sudoeste) son los que mejores y más constantes olas producen, aunque no hay que desestimar las que provienen del cuadrante noreste y este, los cuales han dado días de excelente calidad, guardados en la memoria de muchos surfistas. Para que la calidad de las olas sea óptima deben tener un ingrediente extra: luego de los fuertes vientos anteriormente citados, éstos deben cesar en intensidad y rotar hacia los cuadrantes oeste, norte o noroeste y ahí sí, la fiesta está asegurada.

Las olas que provienen del cuadrante sur prácticamente hacen que funcionen, con diferencias de tamaño y calidad, casi todas las rompientes de la ciudad incluyendo Santa Clara y los numerosos secrets spots que se encuentran antes de Mar Chiquita, otro buen lugar para practicar surf.

El viento es un factor a tener muy en cuenta, dado que su dirección e intensidad afecta sensiblemente la calidad y forma de las olas que vamos a surfear, y también el lugar donde haremos la entrada al mar. Los temporales del cuadrante sur generalmente se prolongan por varios días. Pero de acuerdo a su poder quizás, aun soplando con fuerza, ya las tan esperadas olas empiecen a romper. Sin embargo las rompientes se ven limitadas de acuerdo al resguardo que ofrecen al frío viento sureño. En la descripción detallada de las olas de la ciudad te vamos a decir cuáles son los mejores vientos para cada point.

La calidad de las olas de Mar del Plata, se encuentra junto con Miramar y Necochea, entre las mejores del país. Mar del plata es la que ofrece más cantidad de olas, aptas para los diferentes niveles de surf. El tamaño promedio oscila entre los 0,50 a 1,50 metros de pared, ofreciendo días donde llegan y superan los 2 metros.

DY

THE WAVES, THE WIND, THE BIRDS AND THE SEA

The wavebreak in the city and in practically all the Argentine coast is caused by the wind. Generally, the winds coming from the South (South, Southeast and Southwest) produce the best and most constant waves, although we shouldn't underestimate those coming from the North and East, which have offered days of excellent quality waves, and stayed in the memory of many surfers.

But, in order to achieve waves of great quality we need and extra ingredient: after the strong winds already mentioned, they must get calm or low (West, Northaast) and like this, it's party for sure.

With differences in size and height, the waves coming from the South quadrant guarantee surfing all along the coast, from the limits of Miramar ro Santa Clara and other several secret stops located before Mar Chiquita; another great place to surf.

The wind is a factor to take very much into account since their direction and intensity affect quality and shape of the waves, as well as the place to paddle out. Storms from the South generally last for several days, bringing the expected waves. Wave breaking depends on the cold South winds. We will describe the best wind for each surf point.

MB

Por último el refrán al que madruga Dios lo ayuda, parece haber sido pensado para el surf en Mar del Plata. Es generalmente por las mañanas, sobre todo en verano, cuando el viento es calmo o menos intenso, o sea ideal para encontrar el mar en óptimas condiciones. En verano la mañana hay que aprovecharla dado que es muy común que a mediodía el viento rote y se ponga onshore (este, noreste) arruinando nuestro día de surf.

Las mejores estaciones en lo que respecta a las olas son, aunque a nuestros huesos les pese por el frío, el otoño, el invierno y la primavera. Aunque en el verano hay muchas olas que funcionan a la perfección y la temperatura del agua y ambiente es sumamente agradable.

Mar del Plata, Miramar and Necochea have the best waves of the country. Mar del Plata has the biggest amount of surfing point options offers, for every surfing level. The highest range from 0.50 to 1.50 meters, and sometimes, over 2.

The proverb "The earliest bird catches the worm" applies for the surf in Mar del Plata. It is usually in the morning when the winds are calm and less intense; the ideal time to find the sea in best conditions. At noon, the winds rotate and blow offshore.

The best wave seasons, in spite of our bones, are autumn, winter and spring time. Although, you can surf perfect waves with warm temperatures during summer time.

EQUIPAMIENTO NECESARIO

>Tabla para ola chica o mediana (la medida va a estar dada por tu estatura, peso y nivel de surf).

>Traje de neoprene. Ya dijimos que el agua en nuestro país, exceptuando la zona de Monte Hermoso, es de templada a fría, por lo tanto el traje es indispensable para estar un buen tiempo en el agua. Durante el verano un traje corto de un espesor de 1, 2 o 3 mm es más que suficiente. Durante el otoño y la primavera, depende el mes, la protección contra el frío irá desde un traje enterizo 3mm hasta un 4,3mm o más, complementándolo con botas ya llegando al invierno. Y en esta época (del 21 de junio al 21 de septiembre) se hace necesario incorporar los guantes y la gorra.

>Pitas para olas medianas en buen estado, debido a que muchas olas rompen frente a acantilados, barrancos o piedras.

Importante: en la Argentina existe una industria de calidad destinada a la fabricación de ropa de neoprene como de tablas. En este último ítem es Mar del Plata la que más fábricas posee, a cargo de experimentados shapers que realizan muy buenas tablas. (En la guía vas a encontrar los datos necesarios para que te contactes con ellos).

NECESSARY EQUIPMENT

>Board for small or medium size waves (measured according to height, weight and level of surf).

>Neoprene wetsuit. We already said the water in our country, except for the area of Monte Hermoso, is mild to cold, therefore the wetsuit is essential to be able to stay a long time in the water. During the summer a suit of 1,2 or 3 mm is more than enough. In autumn and spring, depending on the month, the protection against the cold can go from a long wetsuit of 3 mm, even 4.3 mm or more with boots getting into winter. And in this period (June 21 to September 21), you'll need to include gloves and hood.

>A leash for good shape medium waves, since many of them break in front of the cliffs, gullies or rocks.

FD

Important: *in Argentina there is a manufacturing industry of neoprene clothes and boards of excellent quality. Mar del Plata is the city with most board manufacturers, under the charge of experimented shapers that offer very good boards. (In the guide you will find all necessary information to get in contact with them.)*

CUANDO CALIENTA EL SOL

Durante el día las estrellas indiscutidas son las playas y su primo hermano el mar. Todas, en mayor o menor medida, se pueblan de gente ávida de disfrutar de lo refrescante de sus aguas y de las extensas superficies de arena que se regalan al visitante tanto para el norte como hacia el sur (siempre tomando como punto de referencia la zona céntrica, por mencionar una calle fácil de ubicar, la Peatonal San Martín).

Mar del Plata tiene casi 50 kilómetros de costas, todas, excepto algunas del norte y unas pocas del sur que son acantilados, aptas para ser disfrutadas a pleno. Las playas comprendidas en todo el sector que va desde la ya citada avenida Constitución hasta el final de la zona del Alfar, son las que más gente convocan y de éstas las de La Perla y La Bristol, la que en plena temporada y en días picos se asemejan a un verdadero hormiguero.

Desde estos lugares, cuanto más te acerques a Santa Clara hacia el norte o hacia Miramar hacia el sur, las playas se hacen cada vez más solitarias. Lugares como Los Acantilados, La Paloma o Lobos, todas éstas hacia el sur del centro, son pequeñas calas, rodeadas de altos barrancos, donde la gente que las visita es escasa.

La temperatura del agua en el verano oscila entre lo templado y lo frío, pero se deja disfrutar, siendo una de sus principales cualidades que es verdaderamente refrescante.

WHEN THE SUN HEATS

When the sun starts to burn. There is no dout whatsoever that during the day, the main attractions are the beaches and the sea. All of them, at a mayor or minor scale, are filled with people eager to enjoy the refreshing seawaters and vast areas of sand, which give themselves away to their visitors end to end (taking the city center as a reference point, say the easy to locate San Martin pedestrian street.)

Mar del Plata offers 50 km of coasts, all of them, except for some cliffs one the north and a few on the south, ready and waiting to be enjoyed. The beaches that go from the mentioned Constitucion Avenue to the end of the Alfar area are the ones that attract more people, especially La Perla and the beaches that sprawl on the city center, which at the height of the summer season really swarm with tourists.

From these places, as you get close to San Clara in the north or closer to Miramar in the south, the beaches get more deserted. There are places like Los Acantilados, La Paloma or Lobos, all of them located to the south. They are small coves surrounded by high cliffs and not many people go there.

The temperature of the water in the summer ranges from mild to cold, but you can enjoy it anyway and one of their main characteristics is that they are really refreshing. In autumn, winter and spring, well... let's talk about surf!

EL ENCANTO DEL CEMENTO

En Mar del Plata vas a encontrar todo lo que necesites para tu alojamiento y confort. Una gran infraestructura se encuentra montada y pensada para satisfacer las necesidades del turista. Hoteles de todas las categorías, aparts, bungalows y campings son las opciones en cuanto al alojamiento. Restaurantes especializados no sólo en las formas de cocina locales o nacionales, sino también en platos internacionales, son sólo algunas de las opciones gastronómicas que ofrece esta ciudad, también conocida en el pasado por los primeros colonizadores como Costa Galana, Lobería chica o Punta Lobos.

En lo que respecta a recreación y entretenimiento en ella hay todo por hacer, aunque es necesario diferenciar bien en qué época del año la visitás, porque si bien la ciudad todo el año está preparada para recibir al turismo, podemos referirnos a dos Mar del Plata completamente distintas, de acuerdo a la estación en que la visites.

Es el verano (en términos turísticos todo el mes de enero y febrero) la época donde más gente visita la ciudad (un dato importante si lo que buscás es movimiento o tranquilidad). Durante estos meses la ciudad se abre como una flor y todo lo que ofrece se eleva a la enésima potencia, ya sea para el día o la noche.

Cuando el sol brilla hay muchos sitios que se habilitan para dar todas las comodidades al visitante, sea cuál fuere su nivel económico. Desde museos, infinidad de paseos y circuitos turísticos, gratuitos o no, lugares de compras, parques, ramblas; en fin, incontables lugares conocidos o rincones secretos que esperan ser descubiertos.

THE CHARM OF THE CEMENT

In Mar del Plata you will find everything you need for your lodging and comfort. There is a great infrastructure mounted to satisfy the needs of the tourist. All-star hotels, apart-hotels, cabins and campings are the alternatives for accommodation. As regards gastronomy, the city offers specialized restaurants of local, national and international dishes. Costa Galana, Loberia Chica or Punta Lobos are some examples of recognized tradition.

Concerning recreation and entertainment, Mar del Plata has all the alternatives. Nevertheless, it is very important to take into consideration the time of the year you will be visiting it because although the city is prepared to receive tourism all year round, we can refer to two totally different Mar del Platas, according to the season you are in.

The summer (in tourist terms all January and February) is the season, which is mostly visited (important to decide if you a looking for movement or peace and quiet). During these months, the city opens like a flower and everything it offers is potentiated, either during the day or night.

MM

Por la noche la oferta en lo que respecta a discos, bares, pubs y todas las actividades relacionadas con la diversión y el entretenimiento no puede ser más variada. Vas a encontrar de todo y para todos los gustos. Prácticamente lo más destacado de la oferta local más lo mejor de la nacional dice presente en los escenarios o lugares especializados de la ciudad. La música o el teatro son un claro ejemplo de esto, dado que las mejores bandas y obras, utilizan la gran convocatoria de Mar del Plata para mostrar su arte. Pero no todo depende del dinero. Si tus bolsillos se encuentran en una situación crítica, donde lo único que encontrás es la pelusa del pantalón o la arena de la playa, tenés un par de puntos centrales, donde seguro encontrarás lo que buscás. Un buen lugar para ir es la calle Alem, situada a sólo dos cuadras del mar, que todas las noches se llena de gente. Esta importante

When the sun shines there are several places to visit affordable to all kind of pockets. From museums, all kind of guides and tourist circuits, places to buy regional products, parks, promenades; lots of well known or secret places waiting to be discovered.

For the night, you will find the most varied offer of discos, bars, pubs, and other entertainment activities. Everything and for

arteria está repleta de bares y pubs, músicas de todos los estilos que puedas imaginar, chicas, chicos, de todas las edades, en fin, creemos que no hace falta agregar nada más.

En el centro de la ciudad también la noche tiene un movimiento importante, mayor al de Alem, pero como es una zona más grande, está todo más disperso. Sin embargo, por la calle Rivadavia, o la bella y arbolada Diagonal Pueyrredón, también se la pasa bastante bien.

La avenida Constitución, situada aproximadamente a 4 kilómetros del centro, es la que acapara la atención, en lo que a vida nocturna refiere. Discos, bares, bowlings, pizzerías, parrillas y restaurantes de todo tipo y para todos los niveles adquisitivos se concentran por cuadras, dándole ese colorcito especial a la noche de verano.

Por último, y desde hace ya varios años, y sólo por el verano por las agradables temperaturas, las playas también atraen gente por las noches. Por la zona del Alfar una importante disco, recitales y fiestas en distintos balnearios tienen el éxito asegurado en convocatoria y diversión en ésta época del año.

Para terminar durante el invierno (turísticamente hablando de marzo a noviembre) también hay para disfrutar todas las actividades que existen en el verano, pero recortadas en cuanto a cantidad. Es además durante los períodos festivos (Semana Santa o Vacaciones de invierno) cuando la oferta artística o de entretenimiento se incrementa considerablemente.

all tastes. The most outstanding of the local and national offer are the music and plays, which take advantage of the concentration of tourist to show their art. Everything is not money. If your pockets are empty and the only thing you can find are rests of sand, you have several places where surely you will find what you're looking for. A good place to go is Alem street, two blocks away from the sea, where every night is filled with people. This street is full of bars and pubs, music of all kind, guys and girls of all ages.....nothing else to add.

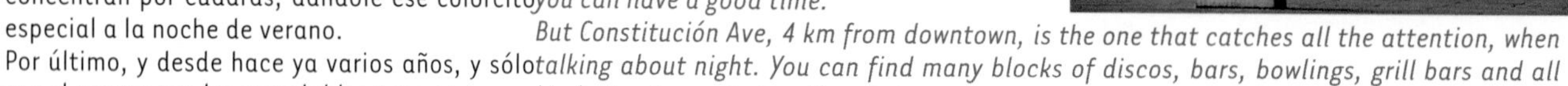

The night downtown is also quiet lively, more than in Alem, but since it is a bigger area, everything is more dispersed. Also, Rivadavia street and the beautiful and tree-lined Pueyrredon are two places where you can have a good time.

But Constitución Ave, 4 km from downtown, is the one that catches all the attention, when talking about night. You can find many blocks of discos, bars, bowlings, grill bars and all kind of restaurants for all pockets.

For many years now, the beaches have also been attracting people during the night, but only during the summer because of the pleasant temperatures. Around the Alfar area, a disco, concerts and parties in different beach resorts will ensure a night of fun and entertainment in this time of the year.

And finally, during the winter (from March to November in tourist terms) you can also enjoy all the summer activities, but is a reduced number. During holiday periods (Easter or winter holidays) the tourist offer increases considerably.

QUÉ HACER CUANDO NO HAY OLAS

Hemos venido a Mar del Plata a pegar unas olas. Pero como en todas las partes del mundo, a veces el mar no satisface nuestras expectativas. El viento, las ondas o nuestro cuerpo no nos acompañan por unos días. Esta es una de las ventajas de esta ciudad, donde en cualquier época del año hay cosas para hacer. En lo que respecta al turismo es un lugar muy rico con innumerables paseos y circuitos pensados para todos los gustos: conocer el puerto, sus típicos barcos amarillos y sus lobos marinos (que ya debes haber conocido en alguna metida, y bueno, están antes que nosotros), recorrer la calle Güemes, el centro, la rambla, el barrio Stella Maris, el barrio Los troncos, hasta el ex estudio de grabación del programa MDQ Para Todo el Mundo. En fin, cantidad de lugares por conocer.

A continuación te vamos a detallar una lista de lugares que no podés dejar de visitar, paseos que hacer o diferentes cosas que si tenés un poco de tiempo, da para que lo hagas.

> Por la ruta 226, la que va hacia Balcarce, nos topamos con la Sierra de los Padres. Muy recomendable internarse a caminar por sus campos, devorando sus paisajes increíbles. En pleno verano quizás haga un poco de calor y un par de reptiles no deseables, pero en otras épocas es un buen lugar para pasarse unos días de camping. También es una zona residencial donde viven muchos marplatenses.

> Laguna La Brava. Igual que la anterior pero más agreste y salvaje. Buen lugar para la pesca del pejerrey cuando ya entra el frío. Por esta zona hay varias escuelas de parapente y podés hacer vuelos en tandem (vos y un instructor juntos).

> Por la misma ruta 226, antes que las Sierras, nos topamos con La Laguna de los Padres, otro sitio con bellos paisajes y mucha, pero mucha naturaleza.

> Ir a ver la salida de la luna llena una noche despejada a Cabo Corrientes o a cualquier punto desde donde se divise el mar.

> Idem anterior, pero con 12 horas de diferencia; con el amanecer.

> Comer unos churros rellenos en Manolo (hay varios locales dispersos en todas las zonas de la ciudad).

> Comer un pizza en Timoteo (Alberti y Corrientes o Suc. Constitución), un calentito en La Marcianita (Colón e Independencia). Presupuesto económico.

> Los helados son muy buenos en Mar del Plata. Tomarte un helado de mouse de chocolate, dulce de leche o súper sambayón en La Veneciana (Alberti y Bs. As), en Italia sambayón o panna de limón, o cualquier cagnoli (Córdoba entre Gascón y Falucho o Avda. Colón y Entre Ríos) o por el puerto un chocolate suizo con súper dulce de leche en San Marino (Posadas y Magallanes).

> Ir a comer rabas u otros pescados combinados con diferentes salsas y aderezos a Pontevedra (Brown y jujuy) o a Sur (Alvarado y Mitre). En el Centro Comercial del Puerto, donde están casi todos los restaurantes de pescados y mariscos agrupados, vas a encontrar seguro mejores precios y variedad pero no son los mejores. Si estás por la zona del puerto podés ir a Viento en Popa (reservas) o Puerto Gallego. Ojo, todo lo que sea pescados No es barato.

> Si querés parrilla y tenés un presupuesto de vacaciones generoso andá a Trenque Lauquen y pedite un bife de chorizo. Ahora un consejo, en 12 de octubre y Córdoba, parrilla al paso El Pamperito (calidad de 1era y mejores precios).

> De noche, sólo abierto en verano, ir a comerte un sándwich vegetariano con cervecita helada en el bar surfer por excelencia: La Princesa (Bdo. De Irigoyen y Matheu). Aparte ves lindas chicas, fotos de surfistas locales rompiéndola en el exterior y los mejores videos.

WHAT TO DO WHEN THERE ARE NO WAVES

We have come to Mar del Plata to hit some waves. But, like in other parts of the world, sometimes the sea doesn't satisfy our expectations. The wind, the curl or even our bodies are not with us for some days. This is one of the advantages of this city; any time of the year, there is always something to do. As regards tourism, it is full of visits and tourist circuits thought for all tastes: the port with the typical yellow ships and the sea lions (which you might have already met in the water, but well, they were there first), go by Guemes street, downtown, the promenade, the neighborhood called Stella Maris, Los Troncos, even the recording studio of the television program "MDQ Para Todo el Mundo" (Mar del Plata for the whole world).

We will now list some places you must visit or different things to do if you have some time.

> By route 226, which goes to Balcarce, we bump into Sierra de los Padres. We recommend walking inside the fields, and enjoy to the fullest the incredible landscapes. At the height of the summer, it might be a little warm and there might be a couple of undesired reptiles. But in other times of the year, it is a good place to spend some days camping. It is also a residential area where many Mar del Plata residents live.

> Laguna La Brava. Same as the previous one, but more wild. Good place for fishing pejerrey when as it gets cold. In this area there are several paragliding schools and you can make a duo-flight (with your instructor).

> By the same route 226, before getting to the Sierras, we bump into the Laguna de los Padres, another place with beautiful landscapes and a real lot of nature.

> Go to Cabo Corrientes and see the full moon appear on a clear night.

> Same as the previous one, but with a 12 hour difference; with dawn.

> East some "churros" filled with "dulce the leche" at Manolo's (there are several shops spread around the city).

> The ice creams are very good in Mar del Plata. Just to mention a few parlors; La Veneciana (Alberti and Bs. As), Italia or Cagnoli (Cordoba between Gascon and Falucho or Avda. Colón and Entre Ríos) or San Marino near the port (Posadas y Magallanes).

> You can go to Ponteverda (Brown and Jujuy) or to Sur (Alvarado and Mitre) to eat "rabas" (fried squid in bread crumbs) or other fish dished in different sauces and dressings. At the commercial center of the Port, where you can find all the fish and sea

MB

> Tenés ganas de comerte una picada. La Reforma (San Luis y Belgrano), 1930 (sólo te dejan entrar hasta las 12) en Avellaneda y San Luis o Valentina (Ituzaingo y Jujuy). Si la querés regar con cerveza artesanal Antares en Córdoba y Alvarado.
> Cocina de autor, en Los Cuencos (Roca y Olavarria). Hay exposición de artesanías.
> Aunque ya sea una marca nacional e internacional, dicen los que saben que no hay como los hecho en casa. Claro, un Havannet o un alfajor en Havanna, en sus numerosas sucursales.
> Si querés cultivarte o conociste a ese tipo de chica que usa anteojos estilo de intelectual, la ciudad te ofrece gran cantidad de museos como el Castagnino o la Villa Victoria Ocampo, donde siempre hay exposiciones interesantes. Si querés algo distinto, muy bueno, El Museo del Mar, en Colón y Viamonte, algo fuera de lo común.
> En verano ir a escuchar música en vivo al aire libre a la Villa Victoria Ocampo (Matheu y Arenales), al ciclo Traiga su manta y escuche. Sorpresas para personas de mente abierta.
> Si te gusta andar en skate, hay dos buenos skateparks gratuitos, con un half pipe y un bowl cada uno. Uno está ubicado en la plaza Mitre (Mitre y Falucho) y el otro en el Complejo Polideportivo (Juan B. Justo e Indepencia), justo detrás de las canchas de básquet. O un

food restaurants, you will find the best prices for sure and a good variety, but they are not the best. If you are near the port area, you can go to Viento en Popa (with reservations) or to El Taburete. But watch out, the fish is not cheap.
> At night, (only open in the summer) you can eat a vegetarian sandwich and a cold beer at La Princesa (Bdo de Irigoyen and Mateu), the surfer's bar par excellence. Besides you'll find the prettiest girls, see pictures of local surfers surfing abroad and the best videos.
> If you feel like eating cold meats: La Reforma (San Luis and Belgrano), 1930 (you can only get in before 12 a.m.) in Avellaneda and San Luis or Valentina (Ituzaingo and Jujuy). And if you want to drink homemade beer, Antares, in Cordoba and Alvarado.
> Chef dishes, in Los Cuencos (Roca and Olavarria). There are handcraft exhibitions.
> Although it is already a national and international trademark, those who know say that there's nothing like homemade "alfajores" (regional type of cake). Of course, a Havannet ("dulce de leche" cone covered in chocolate or an "alfajor" in any of the Havanna's shop.
> If you want to see a little bit of culture or you met the kind of girl with intellectual glasses, the city offers a number of museums like the Castagnino or Villa

skatepark de Quiksilver, de madera, en su local de la Avenida Juan B. Justo.

> Si estás en enero no dejes de asistir al único campeonato de surf nocturno del país: El Sol de Noche, donde además encontrarás música en vivo, fuegos artificiales, fiesta y todo lo necesario para pasarla bomba. El lugar es la playa Tamarido, al sur de la ciudad.

Victoria Ocampo, where they always have interesting exhibitions. If you want something really good and different, the Museo del Mar, in Colón and Viamonte, something quiet unique.

> In the summer you can listen to live music in the open air at Villa Victoria Ocampo (Matéu and Arenales), at the "Bring your blanket and listen" cycle. Surprises for open-minded persons.

> If you like to ride a skate, there a two good free skate parks, with a half pipe and a bowl. It is located at the Mitre Square (Mitre and Falucho) and another at the Sports Center (Juan B. Justo e Indepencia), right behind the basketball courts.Or the Quicksilver skate park, made of wood, at Juan B. Justo Avenue.

> If you are in January, don't miss the night surf tournament of the country: The Sol de Noche (Night Sun), where you will also find live music, fireworks, parties and everything you need to have a great time. In Tamarindo Beach .

MM

JG

El Morro

Ubicación / ***Location***

A 15 km. Al norte de Mar del Plata. Ola situada en el extremo sur de la ciudad, frente a los acantilados.

15 km to the north of Mar del Plata. Wave located on the extreme south of the city, facing the cliff.

Características / ***Characteristics***

Derecha larga y perfecta. Presenta diferentes secciones, varias de ellas tubulares. La mejor ondulación que recibe es la que proviene del cuadrante sur (sudeste y sudoeste) y los mejores vientos con que rompe son el oeste y el noroeste. Es la mejor playa de la ciudad por lo tanto bastante frecuentada por los locales. Cuidado con las cosas.

Long right and perfect. Presents different sections, many of them tubular. The best undulation comes from the south quadrant (southeast and southwest) and the best winds break on the west and northeast. It is the best beach in the city, therefore the most frequently visited by the locals.

Playa Franka

Ubicación / ***Location***

Es la que rompe en el balneario del mismo nombre.

Breaks on the Playa Franka beach resort

Características / ***Characteristics***

Fondo de tosca y arena. Olas rápidas. Picos de izquierda y derecha, dependiendo de la dirección de la ondulación. Rompe con swell del noreste, este y los del cuadrante sur. Los vientos deben ser terrales. Hay pocos locales. Peligro con las cosas y con la calidad del agua, por la cercanía con la planta de efluentes cloacales.

Bottom of rocks and sand. Fast waves. Peaks from left and right, depending on the direction of the undulation. Breaks with swell from the northeast, east and south quadrant. The winds must be onshore. Few locals. Be careful with your stuff and with the quality of the water, there is a sewage plant nearby.

Danilo

Ubicación / ***Location***

A 300 metros aproximados de la desembocadura de la calle Estrada.

Approximately 300 from the mouth of the Estrada street.

Características / ***Characteristics***

En sus mejores condiciones es una derecha rápida y tubular. Rompe sobre fondo de arena y tosca. La mejor marea es la media o baja. Su tamaño promedio oscila en 3pies. Las mejores condiciones para surfearla son ondulación este, sud-sudeste y viento norte, noroeste u oeste. También recibe ondulación del este y del noreste, pero rompe sin tanta forma. Es una playa que congrega su buena cantidad de locales. Hay que ser precavidos con las cosas.

In its best conditions it is a fast right and tubular. It breaks over a bottom of rocks and sand. The best tide is medium or low. Average size rounds 1_ meter. The best conditions to surf are east, south-southeast undulation and north, northeast or west winds and from the north, but not with much shape. It is a beach that gathers a good number of locals. Watch your stuff.

Sun Rider

Ubicación / ***Location***
Ruta 11. A 100 metros aproximadamente de la desembocadura de la calle Estrada.
Route 11. Approximately, 100 metros from the mouth of Estrada street.

Características
Olas de escollera. Fondo de arena y tosca. La clásica y la que presenta mejor calidad es la izquierda, que es rápida, perfecta y con un recorrido de corto a medio. También del otro lado del muelle (el canto norte) sale una derecha de menor tamaño y recorrido pero igualmente divertida y, destacable, poco concurrida. También rompen varios picos en el medio de la playa a ambos lados del espigón. Los mejores vientos son los del norte, noroeste y oeste. Y la mejor ondulación que recibe es del noreste y sud- sudeste. Cuidado con el acceso por el espigón que se encuentra dañado por el mar. Localismo alto.

MB

Breakwater wave. Bottom of sand and rocks. The classic and with better quality is the left, which is fast, perfect and with a short ride. Also on the other side of the pier (the north side) comes a smaller right wave and of shorter ride, but also fun to surf and what is most important not so frequented. Also some peaks break in the middle of the beach to both sides of the water break. The best winds come from the north, northeast and west. And the best undulation comes from the northeast and south-southeast. Be careful with the access by the water break, which has been damaged by the sea. High localism.

MB

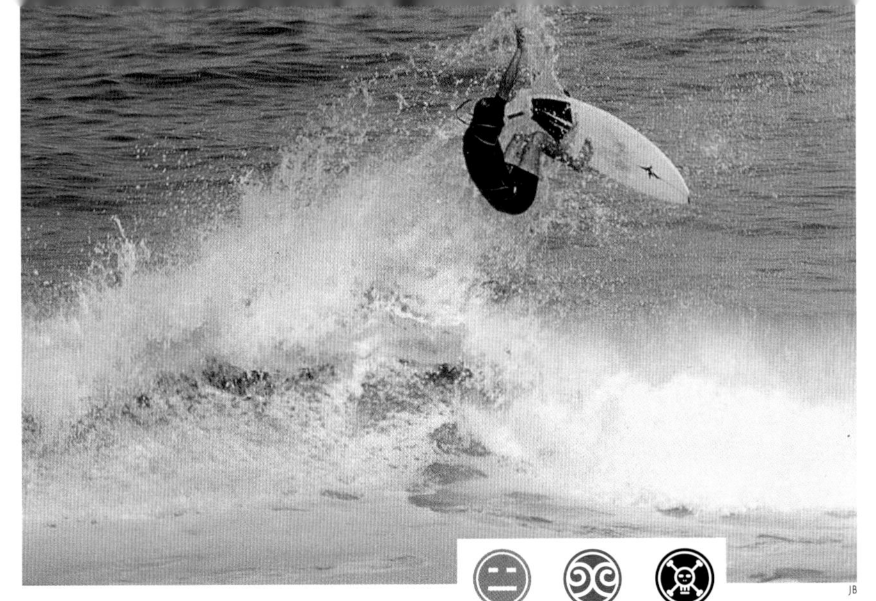

JB

Estrada

Ubicación / ***Location***

Ruta 11, justo en la intersección con la calle Estrada.

Route 11, in the intersection with Estrada street.

Características / ***Characteristics***

Rompen varias olas. Se destaca la derecha que cuando la onda lo permite tira una buena sección de tubo. Las mejor onda es la del cuadrante sur-sudeste, aunque también funciona con onda del este y noreste. La mejor marea es la media y baja. Cuando la ondulación no tiene tamaño rompen picos de izquierda, sin mucha calidad. Hay locales y hay que ser precavido con las cosas.

Several waves break. The right wave outstands and sometimes the undulation allows a good section of tubes. The best undulation comes from the east and northeast. The best tide is medium and low. When the undulation is small, peaks break from the left, but with little quality. There are locals and you should take care of your belongings.

La 40

Ubicación / ***Location***

Ruta 11. A 150 metros aproximadamente de la desembocadura de la calle Estrada.

Route 11. Approximately, 100 metros from the mouth of Estrada street.

Características / ***Characteristics***

Se destaca la derecha que cuando la onda lo permite tiene un buen recorrido, con varias secciones. Las mejor onda es la del cuadrante sur- sudeste, aunque también funciona con onda provenientes del este y noreste. La mejor marea es la media y baja. Cuando la ondulación no tiene tamaño rompen picos de izquierda, sin mucha calidad. Las olas no tienen que ser muy grandes porque sino tienden a ser cerradoras. Es una ola frecuentada por los locales y hay que ser cuidadoso con las cosas.

The right wave outstands, and when the undulation allows it, there is a good ride with several sections. The best wave comes from the south - southeast quadrant, although it also works with undulation from the east and northeast. The best tide is medium and low. When the undulation is not so big, peaks break from the left, with little quality. The waves shouldn't be too big because they tend to be closing. Wave frequented by locals. You should watch you stuff.

Acevedo

Ubicación / ***Location***

Ruta 11, por la costa frente a la intersección de esa calle.

Route 11, on the coast in front of the intersection of this street.

Características / ***Characteristics***

Ola de muelle. Fondo de arena y piedra. Derecha de buen recorrido con ondulación media del sur, sudeste, este y noreste. Los mejores vientos son el norte suave y los que soplan de tierra noroeste y oeste. La mejor marea es la media y la baja. Ola que posee muchos locales y hay peligro con las pertenencias.

Pier wave. Bottom of sand and rock. Right wave with good ride and medium undulation from the south, southeast, east and northeast. The best winds blow from softly the north and onshore from the northeast and east. The best tide is medium and low. Many locals. Take care of your belongings.

MGB

El barco

Ubicación / ***Location***

Situada en el canto sur del mítico barco hundido.

Located on the south side of the mythical sunk ship.

Características / ***Characteristics***

Derechas e izquierdas dependiendo de la dirección del swell. La mejor marea es la media y la baja aunque hay que ser cuidadoso donde posicionarse por los restos del naufragio. Es una rompiente relativamente nueva pero que cumple con las condiciones que exige la ciudad: onda del sud- sudeste y noreste y viento norte, noroeste y oeste. Todavía no posee un marcado localismo y, lamentablemente, hay que tener cuidado con las cosas.

Rights and lefts depending on the direction of the swell. The best tide is medium and low, although you should be aware of where you place yourself because of the rests of the shipwreck. It is a relatively new break, with fulfills the conditions demanded by the city: south - southeast and northeast undulation and north, northwest and west undulation. No significant localism yet, but unfortunately you have to take care of your stuff.

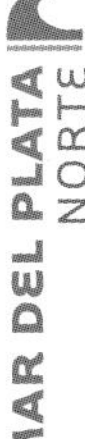

Cardiel

Ubicación / ***Location***
Es la derecha de la playa bahía, ubicada hacia el norte de ésta.
The right from the Bahia beach, located north.

Características / ***Characteristics***
Ola de muelle que rompe sobre fondo de arena. Derecha perfecta y de buen recorrido. Para hallarla en sus mejores condiciones (3 a 6 pies) se requiere ondulación sud- sudeste y viento suave del norte, oeste y noroeste. Hay bastantes locales, por ser una de las mejores olas del norte y cuando rompe (bastante seguido) hay mucha gente en el agua.
Pier wave breaks over a bottom of sand. Perfect right and good ride. To find it in its best condition (1 to 2 meters) you need undulation from the south - southeast and soft wind from the north, west and northwest. There are quiet a lot of locals because it is one of the best waves from the north and when it breaks (quiet often) there is a lot of people in the water.

Bahía

Ubicación / ***Location***
Dentro de los piletones de la playa del mismo nombre.
inside the pools of the Bahia beach.

Características / ***Characteristics***
Ola que rompe sobre fondo de arena. De acuerdo a la dirección de la ondulación predominan las derechas o las izquierdas. Esta playa funciona con ondulación del noreste y este como con sur y sudeste. El mejor viento para surfarla es oeste - noroeste pero también se corren buenas olas con norte y sur suave. Es una playa que cuenta con muchos locales y donde hay que ser precavidos con las cosas.
Wave that breaks over a bottom of sand. Depending on the direction of the undulation there are more lefts or rights. This beach works on with undulation from the northeast and east, as well as south and southeast. The best wind to surf it blows from the west - northwest, but also there are good waves from the north and soft south. It is a beach with many locals and you should be cautious with your belongings.

La flecha

Ubicación / ***Location***
200 metros más al sur que la playa anterior.
200 meters south of the previous beach.

Características / ***Characteristics***
Ola mítica del barrio de la perla, cuna de grandes surfistas de la zona. Ola de derecha e izquierda que cuando tiene tamaño rompe fuera de los piletones que se han hecho por la zona. La derecha, cuando se dan las condiciones, tiene buena calidad, dando un buen recorrido y manteniendo la perfección. Las condiciones ideales son onda del sur o sudeste y vientos de tierra: oeste, noroeste o norte. También recibe bien la onda del este y noreste. Es una playa con muchos locales. Se puede surfear también con onda pequeña siendo una buena ola para aprender.
Mythical wave from La Perla, cradle of important surfers of the area. Left and right wave that when its size is big, breaks outside the pools that were built in the area. The right may be of good quality, giving a good ride and maintaining its perfection. The ideal conditions are undulation from the south or southeast and onshore winds: west, northwest or north. You can also surf with small undulation, especially chosen by beginners.

MGB

MB

La Roca

Ubicación / ***Location***
Una playa más al sur que La flecha.
A beach south to La Flecha..
Características / ***Characteristics***
Derecha rápida y tubular. De recorrido medio. Marea media o baja. La mejor onda entra del sud- sudeste y los mejores vientos son del norte, noroeste y oeste. Aunque cuando rompe dentro de los piletones, se la puede correr con viento sur. Hay locales y riesgo de robos.
Fast right and tubular. Medium ride. Medium or low tide. The best undulation comes from the south - southeast and the best winds come from the north, northwest and west. Although when it breaks in the pools you can ride it with south wind. There are locals and risks of robbery.

Saint Michel

Ubicación / ***Location***
Es la ola que rompe en la playa de este clásico balneario de La Perla.
It is the wave that breaks in La Perla beach resort.
Características / ***Characteristics***
Dentro de los piletones, cuando hay olas chicas, recibe onda de cualquier orientación, pero la mejor calidad la adquiere luego de un fuerte viento del sur o del sudeste, cuando ya las olas rompen fuera de los espigones de piedra. Aquí es una ola derecha de poco recorrido pero de buena perfección. El mejor viento es el oeste, pero funciona también con norte y noroeste. La marea ideal es la baja. Es una ola frecuentada por los surfistas de la zona y hay que estar atentos con las cosas.
Inside the pools, when there are small waves, it receives undulations from any direction, but the best quality comes after a strong wind from the south or southeast, when the waves break outside the rock water break. This is a right wave of little ride, but with good perfection. The best wind comes from the west, but also works from the north and northwest. The ideal tide is low. Wave frequented by local surfers and you should take care of your things.

Alicante

Ubicación / ***Location***
Rompe en la playa que da nombre al balneario.
Breaks in the beach with same name.
Características / ***Characteristics***
Derecha de recorrido medio, con una buena sección la principio hasta llegar a los piletones donde pierde calidad. Dentro de los espigones la ola es más chica y tiende a cerrar, siendo más apta para la práctica del bodyboard. Las mejores condiciones son onda del sudeste y luego viento de tierra (oeste, noroeste). La mejor marea es la baja.
Right with medium wave, with a good section at the beginning until reaching the pools where it loses quality. Inside the water break the wave is smaller and tends to close, and is good for bodyboard. The best conditions are given with southeast undulation and onshore wind (west, northwest). The best tide is low.

MB

Alfonsina

Ubicación / ***Location***

Es la primer playa de la perla viniendo del sur. *It is the first wave from La Perla coming from the south.*

Características / ***Characteristics***

De las olas de los piletones es quizás la que tenga mejor calidad. Cuando las condiciones son las ideales: buena ondulación del sur / sudeste, viento suave del oeste y marea bien baja es una buena derecha que rompe dentro de una marco de rocas y algas muy agradable a la vista. Llega a tener un buen recorrido y la ola buena se corre bien cerrado (o sea a la derecha) de la primer ala del espigón. Tenés que estar seguro de tu nivel de surf porque estás frente a rocas y a veces suele haber un poco de corriente. Es importante lo de la marea baja dado que con alta o no rompe o hay mucha contraola, que la deforma. Al estar reparada también se puede correr con viento sur.

From the waves of the pools, it is the one with better quality. When the conditions are ideal: good undulation from the south / southeast, soft wind from the west and very low tide is a good right that breaks within a frame of rocks and seaweed, which are very pleasant to see. It can have a good ride and can ride a good wave to the right of the first section of the water break. Be sure of your level of surf because you are in front of rocks y sometimes there can be a strong current. The low tide is very important because otherwise it doesn't break or there is a counted wave, which deforms it. You can also ride it with south wind.

El paseo

Ubicación / ***Location***
Rompe justo en la curva que pega el paseo que une Punta Iglesias con La Perla.
Breaks right in the curve that joins Punta Iglesias with La Perla.

Características / ***Characteristics***
No es una ola constante. Necesita de ondulación con tamaño y prácticamente no tiene que haber viento o sólo una brisa del oeste. Es una derecha que puede llegar a tener hasta 6 pies y que va rompiendo siguiendo la geografía de las rocas. Es una ola que exige tener un buen nivel de surf y control de tus movimientos. Además la entrada es por las rocas, por lo que tenés que saber hacerla bien sino...al taller. La mejor marea es la media y baja. Es también una punta frecuentada por pescadores, así que también hay que tener cuidado con las líneas. Y, por supuesto, con las cosas.

Not a constant wave. Needs big undulation and there should practically be no wind or just a breeze from the west. It is a right wave that can reach 2 meters high and that breaks following the geography of the rocks. It is a wave that demands a good level of surfing and control of your movements. Besides, the entry is by the rocks, so you have to do it right, otherwise... The best tide is medium and low. It is also a point frequented by fishermen, so you also have to be careful with the fishing lines. And of course, with your belongings.

MB

La Pepita

Ubicación / ***Location***

Está situada en pleno centro de la ciudad de Mar del Plata, es la que rompe hacia la derecha de la punta del espigón de Punta Iglesias. Antes había unas piletas y ahora está la Plaza de las Américas.

Its located downtown Mar del Plata. This is the wave that breaks right to Punta Iglesias break water. Some time ago, there used to be some pools and now there is the Americas square.

Características / ***Characteristics***

La Pepita es una derecha intensa y potente, cuando quiebra clásico, esto es 3 a 10 pies de frente, es veloz y con un tubo lanzado. Cuando se dan las condiciones de onda, sumando a una marea entre media y baja, sale una ola de excelente calidad. Para expertos. La onda entra entera y empieza a rodar cerrado a la punta del muelle. Tiene un drop exigido y difícil y los siguientes metros son pura adrenalina. Esto cambia hasta entrar en lo que sería el sector del muelle, donde la ola se pone más gorda, pero gana en recorrido. Cuando está chico, ya cerca de las piedras de la costa, es una ola que rebota contra el muelle y se para, tirando una derecha más pequeña y rápida, ideal para bodyboard. Atención con la entrada que no es fácil. Puede hacerse por la punta de la escollera o por el canal de la playa Punta Iglesias, ambas esperando la calma. Ondulación del sur o sudeste, aunque también sale, no con tanta calidad, con onda del noreste y este. Rompe mejor con viento sur, oeste y noroeste. Funciona todo el año. Hay muchos locales y son poco amistosos. Peligro de robo.

La pepita is a strong and fast right hander. This wave can break up from 1.5 to 3 meters. Is a very fast and tubular shaped wave. The take off is pretty hard. With a good swell and a medium to low tide this wave rocks. Only for experts. The waves starts breaking in the rocks, ending against the pier, getting thicker but with a long ride.
When the wave is small, near the rocks, you can find a smaller right, ideal for bodyboarders.
The paddle out is not easy. You either can make it by the canal or by the pier. May break with South or Southeast undulation, although some waves can worked with a north or northeast undulation, but the quality is not as good. The best winds are S, W and NE. You can surf it all year round. Many locals and are not too friendly guys. Beware of thieves.

Peligro / ***Danger***

No todos somos Kelly Slater, así que es probable que caigamos en algún drop o nos cierre algún tubo de la primera sección. Sorpresa a tus pies las duras rocas de la escollera. Sino estás seguro de tu nivel y de tu estado físico no te metas aquí, hay otras olas de buena calidad y menos exigidas.

MGB

We are not all Kelly Slater surfing, so it can be probably that we will have wipe outs or a closing barrel on the first sessions. Watch the rocky bottom. If you are not sure about your level, avoid this wave. There are many other waves of excellent and easier to surf.

Punta Iglesias

Ubicación / ***Location***
Situada entre el espigón de Punta Iglesias y el muelle de los Pescadores (Quilmes).
between the Punta Iglesias break water and the Fisher's Pier.
Características / ***Characteristics***
Ola corta, comúnmente derecha, de calidad media a baja y que no aguanta tamaño. Es ideal para aprender porque no tiene mucha pared, es pequeña y lenta. No requiere de una ondulación específica. Los mejores vientos son el norte, oeste, sur suave y sudoeste. Todo el año. Localismo bajo, zona peligrosa por los robos.
Short ride wave, mostly right, not top quality, and not to big either. This is the perfect point for beginners. The wall is small; little and slow ride. It doesn't need a specific undulation. N, NE, S AND SE are the best winds for this point. You can surf it all year round. Low localism. Beware of thieves.

Los Pilotes

Ubicación / ***Location***
Está ubicada bajo el muelle de pescadores (Quilmes).
Right under the Fisher's Pier. (Quilmes)
Características / ***Characteristics***
Ola de playa, izquierda rápida, no muy constante. Excelente para bodyboard. Necesita ondulación sur, sudeste y norte noreste y los mejores vientos son el norte suave, noroeste, oeste, sudoeste y sur. Rompe todo el año. Localismo medio y hay que tener precaución con los robos.
Beach break, it is a left point break, excellent for bodyboarders. S, SE and N undulation required. It works best with N, NW, W, SE and S. You can surf it all year round. Some localism and many thieves around.

MB

La Popular

Ubicación / ***Location***
Justo derecho a donde desemboca la Peatonal San Martín en la costa.
Just where the San Martin pedestrian streets ends in the shore.
Características / ***Characteristics***
Derecha que rompe abierto del muelle, sin mucha calidad ni recorrido, de tamaño mediano, aunque uno nunca sabe. La mejor onda es la del sur, sudeste y sudoeste. Y las mejores condiciones se dan con viento norte, noroeste, oeste, sur y sudoeste. Rompe todo el año. Hoy el localismo es bajo pero hay que tener cuidado con los robos.
Right hander. Breaks open to the pier, not quality, short ride. Medium sized, buy you never know. It works best with a south undulation and with S. SE and SW winds. You can surf it all year round. Low localism. Watch your stuff, many robberies.

Paipolandia, La Playita y La Matadora

Ubicación / ***Location***
Estos nombres pertenecen a tiempo atrás, cuando entre las escolleras y antes del refulado de arena y la construcción del rompe olas del Torreón estaban bien determinadas las playas. Hoy esos picos no existen como tales, pero se expanden por toda la bahía de La Bristol.
This where old names of peaks, before they built the Torreon Pier. Today that peaks have changed, but still spread along Bristol Bay.

Características / ***Characteristics***
Son varios picos que rompen rápidos y que tienden cerrar, de una calidad media y un tamaño de aproximadamente 3 pies. Los mejor forma la tienen cuando sopla noroeste, oeste, sur y sudoeste. Y el mejor tamaño con onda del noreste y todos los vientos del cuadrante sur. No son olas codiciadas pero hay peligro de robo.
Its a fast and closer wave. Not top quality. It breaks up top 1 meter high. It breaks best with NE, W , S and Se. The best size with NE swells and south winds. Not a great surf point, still robbing: warning.

MGB

El Torreón

Ubicación / ***Location***
Está localizada justo en el rompe olas que hicieron en el Torreón del Monje.
Located just by the Torreon del Monje wave breaker.

Características / ***Characteristics***
Derecha, fondo de arena y piedra. Cuando las condiciones son las justas, aproximadamente desde la punta del rompe olas comienza a quebrar una derecha excelente. Su drop es para expertos dado que al correrse con marea baja (ojo las piedras) rompe chupada e inmediatamente tira un tubo lanzado y perfecto. Después de este intenso comienzo, la ola gana perfección y adquiere un gran recorrido, aunque pierde la pared del principio. Pero sigue teniendo mucha calidad. No es muy constante pero cuando hay olas en la ciudad vale la pena ir a verla. Los mejores vientos son el sur, sudoeste, norte y oeste suave. Y la onda que debe venir debe ser grande, preferentemente del sudeste, sur, sudoeste y este. Las mejores marejadas son en invierno, otoño y primavera. Localismo alto. Hay riesgo de robo.

MM

Tubular right hander waves with a sandy and stone bottom. With the necessary conditions a perfect right starts breaking. It's an only for expert wave, the drop is fast and hollow and because it rides better with low tide you have to watch out the stone bottom and the close out. The wave acquires perfection and a long ride. It is not a wave known for its constancy, you should check it out every time the city has waves. The best winds are S, SW, N and a soft W. The best swells are during winter time, autumn and spring. High localism. Robberies.

Varese

Ubicación / ***Location***

Estas olas están entre los dos rompe olas de la playa Varese.

This wave is located between the 2 stone piers in the Varese Beach.

Características / ***Characteristics***

Varios picos, sobre fondo de arena. A la derecha del muelle más largo sale un izquierda de calidad media e inconstante. Generalmente con onda del noreste es cuando más calidad adquiere. Esparcidos por el medio de la playa rompen varios picos que abren medianamente para los dos lados. Son olas suaves y no sobrepasan el metro. Son buenas para principiantes. Cuando el mar está de mediano a grande y la marea baja o media baja quiebra en la punta del rompe olas corto una derecha, la de más calidad de todas, que posee una bajada interesante aunque después pierde intensidad. Ondulación: este, noreste, sur y sudeste. Mejores vientos: norte suave, noroeste, oeste y sur suave. No hay muchos locales pero sí generalmente mucha gente en el agua. También aquí hay mucho riesgo del robo de pertenencias.

MM

Several peaks, sandy bottom. A left breaks (medium quality) to the right of the longest stone pier. Breaks best with NE undulation. There are many more peaks all over the beach, right and lefts. These are small and perfect beginners' waves. They only reach 1 meter. With a medium or small sea and with a low tide, you can find an interesting right with a quick take off, but not a good ride, though. Undulation: E, NE, S and SE. Best winds: N, NE, W and S. Low localism. A lot of people swimming. Robbery warning.

El Cabo

Ubicación / ***Location***

Ubicada en la punta de Cabo Corrientes, rompe por fuera del rompe olas chico.

In the end of Cabo Corrientes. It breaks outside the small stone pier.

Características / ***Characteristics***

Otro gigante que no resigna a desaparecer. Un fuerte temporal del sur o sudeste, que genere buena ondulación y el cabo ocasionalmente vuelve a romper. Una derecha grande (hasta 10 pies de cara) gorda, y sobre todo con marea baja, con buen recorrido. Sólo para expertos, dado que la entrada es peligrosa y por las corrientes y rebotes de onda, sumado al tamaño, no es precisamente una ola fácil. Mejores vientos oeste, sur y sudoeste suaves. Ondulación del sur, del sudeste y del noreste. No hay locales pero las escasas veces que rompe, siempre hay surfistas agradeciendo sus regalos. Hay que tener cuidado con las cosas.

MM

Another giant that resists disappearing. A strong storm from South or South East that generates a good undulation an this point. A big right wave (3 meters face), mostly with low tide. This wave is only for experts. It is not an easy wave. The entrance is really dangerous because of the strong currents and big size. Best winds: S and SE . S, SE and NE undulations. No localism, but when this point breaks, many surfers appear. Watch your belongings.

Peligro / ***Danger:***

Cuando esta ola funciona tiene mucha fuerza y estás en un posición no muy cómoda con respecto a la playa. Exige muy buen nivel de surf y estado físico y que tu equipo (pita y cabo) estén en perfecto estado.

When this point breaks, its a very strong and very difficult wave. You must be an experienced surfer and your surfing gear must be in perfect conditions

MB

MB

HR

Waimea

Ubicación / ***Location***
Está situada frente al antiguo edificio del INIDEP. Es la derecha de Biología.
Located in front of the INIDEP building. On the right of Biologia.

Características / ***Characteristics***
Nacida luego del refulado. Es una derecha que con buena ondulación y marea media o baja se presenta como una ola de calidad. Una buena alternativa para cuando está del sur y su vecina el Yatch está llena de gente. Ola constante. De 1 a 2 metros. El acceso es de medio a fácil. Los mejores vientos son el norte, noroeste, oeste, sudoeste y sur suave. Rompe todo el año. Y la mejor ondulación es la del este y noreste, aunque levanta con vientos del sur y sudeste también. Hay bastantes locales.
Its a right, that with a good undulation and medium or low tide, breaks with good quality. A good choice when the neighboring point (Yatch) is crowded. Constant 1 to 2 meters wave. Easy paddle out. Best winds N, NE, W, SE and soft S. It breaks all year round. The best undulation comes from the E and NE, breaking with S and SE winds, too. Many locals.

Biología

Ubicación / ***Location***
Está ubicada bajo el edificio del viejo INIDEP, de cara a la playa a la derecha del rompe olas.
Located by the INIDEP building, facing right towards the stone breakwater.

Características / ***Characteristics***
Es la izquierda de Playa Grande. Una ola media a suave que aguanta bastante tamaño y tiene varias secciones. Más abierto una serie de picos que abren para los dos lados hacen de esta playa una de las más populares de Mar del Plata, debido a que sus olas presentan diferentes niveles de dificultad. Marea media o baja. El acceso es simple.Rompe todo el año y la mejor ondulación es la del noreste y este, aunque con vientos del sud- sudeste, también recibe onda. Rompe todo el año. Se surfea con casi cualquier viento, aunque tiene más calidad con el norte, oeste, sudoeste y noreste suave. Dada su cercanía hay muchos locales y gente en el agua.
It is the wave on the left side of Playa Grande.
A medium sized, soft wave with many sections. Both lefts and rights break, making this one of the most popular points of Mar del Plata. The waves present different levels of difficulty, this makes it a very visited point. Best tides: Medium or Low. Best winds: You can surf this point with every type of wind, but the best one is N, W, SW and a soft NE. The best undulation: NE AND E, but with SE winds receives a good undulation, too. Many locals and many people in the water. It breaks all year round.

Peligros / ***Danger:***
En verano cuando el mar está chico hay muchos bañistas dentro del agua. Es probable que los guardavidas no te permitan surfear por su seguridad. Si ellos te lo permiten, sé muy responsable y no los pongas en peligro. Otro factor a tener en cuenta es que pegado a la escollera de Biología hay un canal que tira para adentro del mar. Puede ser muy cómodo para entrar pero hay que saber usarlo.
During summer when the sea is small, there are many people in the water. The Lifeguards, may not let you surf for security reasons. If they do, please, respect the people in the water. Another fact, the canal may be a great way to get in, but it has very strong currents, so watch out.

DY

MB

Medio

Ubicación / ***Location***

En el medio de Playa Grande. Situado entre Biología y el Yacht.

in the middle of Playa Grande. Located between Biologia and the Yacht.

Características / ***Characteristics***

Picos de izquierda y derecha, que rompen de acuerdo a la dirección de la ondulación. Dependiendo de la posición de los bancos de arena, pueden romper en varios sectores del medio de la playa. El tamaño aproximado va de 1 a 6 pies. La mejor calidad la adquiere con ondulación noreste, sur, sudeste y vientos suaves del norte, noroeste u oeste. Son olas con un localismo de medio o alto.

Peaks from left and right, that break according to the direction of the undulation. Depending on the position of the sand banks, they may break in several sectors of the middle of the beach. The size is approximately 1 to 5 feet. Its best quality is achieved with undulation from the northeast, south, southeast and soft winds from the norht, northwest or west. Localism is medium to high.

Yacht

Ubicación / ***Location***

Situada en la playa del Yacht de Playa Grande.

Located in Playa Grande's Yacht beach.

Características / ***Characteristics***

Derecha, larga y perfecta. Apta para todos los niveles. De 1 a 3 metros. Varias secciones. Ideal para surf y longboard. Es bastante constante y aguanta tamaño sin perder calidad. Mejores Vientos: noroeste, oeste, sur, sudoeste y sudeste. Mejor época: todo el año. Ondulación: este, sur, sudeste y sudoeste. Localismo: alto.

Right, long and perfect wave. For beginners and experienced surfers. Great for longboards. A very constant wave.

Best winds: N, W, S, SW and SE. Best season: all year. Undulation: E, S, SE and SW. High localism.

MM

Escollera Sur

Ubicación / ***Location***

Ubicada justo en la punta de la escollera sur.

Located in the south pier.

Características / ***Characteristics***

Es una de las olas más grandes que rompen en Mar del Plata. Derecha de recorrido medio, rápida, perfecta y con tamaño. Necesita que el mar esté grande para romper. La mejor marea es media o baja. Sólo para expertos. Mejores vientos: oeste, noroeste, sudoeste. Mejor época: todo el año. Ondulación: sur, sudoeste, sudeste. No existe el Localismo.

Is one of the biggest waves breaking in Mar del Plata.

Right and medium ride, fast, perfect and with a good size. It needs a big sea to break. The best tides are medium or low. Only for experts. Best winds: W,NE,SE. Best season: all year round. Undulation: S, SE and SW. No localism at all.

Peligros / ***Danger:***

No es una ola para cualquiera. Son muy pocos los surfistas que aun siendo muy experimentados la han surfeado. Estás en la boca del puerto, lugar de corrientes y olas muy fuertes y grandes y lleno de lobos marinos.

It is not an easy wave, only few surfers do it. *The mouth of the harbor is a spot of strong currents and strong and big waves and full of sea lions.*

Playas del Puerto

Ubicación / ***Location***

Situadas tras la cara este de la Escollera Sur.

Located in the east face of the South break water.

Características / ***Characteristics***

Fondo de arena. Picos dispersos por toda la playa. Hay un rompe olas, que es donde generalmente están las olas de mejor calidad. Olas rápidas y tubulares. Para un nivel medio. De 1 a 2 metros. Es un buen lugar para buscar un poco más de consistencia los días que no hay olas. Los mejores vientos para correrla son el norte suave, noroeste, oeste. Funciona todo el año. Y la mejor ondulación: noreste, sur, sudeste. Es un point concurrido por los surfistas de la zona, bastante celosos de su lugar. Ojo con las cosas.

Sandy beach break. Many peaks all over the beach. Near the stone pier you catch the best waves. These are fast and tubular shaped waves. Intermediate level. 1 to 2 meters. This is a good point to search a little more when there are no waves in the city. Best winds soft N, NE and W.

Best undulation: NE, S and SE.

Very crowded spot, high localism. Watch your stuff.

DY

Punta Mogotes

Ubicación / ***Location***

Situada frente a todos los balnearios del sector de Punta Mogotes, yendo por la ruta de la costa.

Located right in front of the Punta Mogotes Beach Bars, taking the sea road.

Características / ***Characteristics***

Beach breack. Olas de calidad media- baja. Numerosos picos, cerradores. Buen lugar para dar los primeros pasos. Mejores vientos: norte, noroeste, oeste y sur suave.

No tiene una época específica. La onda no es de ningún lugar en particular. Localismo: no existe. Ojo las cosas.

Beach break. Mid-quality waves. Many closing peaks. It's a great point to learn. Best winds: N,NE,W and soft S. Undulation: none. You can surf it all year round. No localism.

El 1

Ubicación / ***Location***

Situado frente al Balneario 1 de Punta Mogotes. Acceso por la ruta de la costa.
Located right in front of the Punta Mogotes beach bar. Take the sea road.

Características / ***Characteristics***

Fondo de arena. Derechas de hasta 1 metro y medio, con un buen recorrido y diferentes secciones. Un poco de corriente los días de sudestada. Los mejores vientos para su forma son sur, sudoeste y oeste suave. La ondulación debe venir del noreste, este, sur, sudeste.
Hay bastantes locales de la zona. Es una opción cuando sopla viento sur. Rompe todo el año.
Sand bottom. 1 to 1,5 meter rights, with a good ride and different sections. Little currents, mostly during Sudestada storms.
Best winds: S, SE and soft W. Undulation: NE, E, S, SE.
High localism. It's a good option when S winds blow. You can surf it all year round.

California

Ubicación / ***Location***

Localizada en la bahía de Waikiki, a la derecha del 1.
Located in Waikiki's Bay, on the right side of the 1.

Características / ***Characteristics***

Derechas, largas y con recorrido. Fondo de arena. Ola ideal para nivel bajo a medio, sin demasiada fuerza ni pared.
Mejores vientos: oeste, sur, sudoeste. Ondulación: norte, noreste, este, sur y sudeste. Mejor época: todo el año.
Localismo: medio. Hay sí generalmente mucha gente en el agua.
Long rights. Sand bottom. Perfect wave for beginners or low surf level. It is not a strong wave and has no wall.
Best winds: W, S, SE. Undulation: N, NE, E, S and SE.
Best season: all year round. Some localism, super crowded point.

DY

DY

DY

DY

Waikiki

Ubicación / ***Location***

Localizada justo en la punta del rompe olas de Punta Canteras.

Located on the Punta Canteras rock pier.

Características / ***Characteristics***

Derecha con buen recorrido pero sin mucha pared. Fondo de piedra y arena. Ideal para longboard. La ola rompe en la punta y depende del swell se empieza a meter en la bahía, manteniendo su perfección. Marea baja. A veces rompe con tamaño pero sin calidad, que si la conserva hasta el metro de frente. Hay locales y mucha gente en el agua. La ondulación que mejor levanta es noreste, este, sur y sudeste.

Rompe todo el año. Hay locales, mucha gente en el agua y kayaks.

It a good long right ride. Not too much wall. Stone and sand bottom. Perfect for longboards. The wave breaks far in the pier's point and depending on the swell it continues breaking towards

the bay. Best tide: low. It breaks with good quality up to 1 m high. Many locals, people swimming and some kayaks. Best undulation: NE, E, S AND SE.

High localism.

Ornella Pellizzari

***Campeona** Latinoamericana 2005*

ontact: masaimaxi@yahoo.com

Importante: Este sector comienza en la playa Mariano y finaliza en el Faro, siempre yendo por la ruta de la costa. En verano en los horarios pico es un camino muy transitado. Así que te damos otras formas de acceso. Desde el centro tomás la Avenida Independencia, pasás La Avenida Juan B. Justo, donde cambia de nombre. Seguís hacia el sur por la misma avenida, vas a pasar otra avenida más llamada Fortunato de la Plaza, seguís hasta donde hay una estación de servicio abandonada. En esa intersección nace la calle Mario Bravo, la tomás doblando hacia tu izquierda. Seguís derecho por esa calle y desembocás en el Balneario Guillermo, en el medio de esta zona.

Important: *This sector starts in Mariano's Beach and ends at the faro. In the summer, during peak hours, there may be a lot of traffic. Do we'll give you other ways to get there. Take the Independencia Avenue to the very end of Juan B. Justo Avenue (where the name changes). Continue going south till you get to another avenue, Fortunato de la Plaza.*
You'll end up at an abandoned gas station, take Mario Bravo street to the left. Keep going and you arrive at Guillermo's Beach bar.

DY

Mariano

Ubicación / ***Location***

Situada frente a las rocas del antiguo balneario Mariano. Hoy playa pública.

Located by the old Mariano's Beach bar. Public beach.

Características / ***Characteristics***

Izquierda que rompe sobre un fondo de arena y piedra. Llega a alcanzar los 3 metros de frente. Ola rápida y posee un tubo grueso. Marea media a baja. Requiere un nivel medio a bueno. Suele haber corrientes. A veces cuando el swell lo permite y los vientos, también tira una derecha más cavada aun que la izquierda y corta, casi frente a la derruída escollera del Balneario Mar y Pez. Acceso por la piedras o por la playa. La onda que mejor recibe es del noreste, este, sur, sudoeste y sudeste. Y rompe bien con el norte suave, noroeste y oeste. Es bastante constante durante todas las estaciones. El localismo es medio pero el crowd alto.

Breaks to the left. Sand and stone bottom. It reaches 3 meters. Quick and tubular wave. Tides: Medium or low. Strong currents.
Not a beginners wave. With good waves and swells, it also breaks to the right. This is a hollow, tubular and fast wave, even more than the lefts.
You can access by gravel road or by the beach. Undulation: NE, E, S, SE and SW.
A very constant wave, the whole year round. Low localism, big crowd.

3

Medio

Ubicación / ***Location***
Son picos situados entre Mariano y Marbella.
Peaks situated between Mariano and Marbella.
Características / ***Characteristics***
Picos sobre fondo de arena. Izquierdas y derechas. Con calidad media a buena. Olas de recorrido medio, con pared, tubo y fuerza. Mareas media o baja. De 1 a 2 metros. Acceso simple desde la playa. Mejores vientos: norte suave, noroeste y oeste. Ondulación: noreste, este, sur, sudoeste y sudeste. Mejor época: todo el año. Localismo: medio a alto.
It's a great beach break, nice and barreled Both left and right handers. Strong tubular waves, with medium ride.
Best tides: Medium or low. The waves reach 1 to 2 meters. Easy beach access.
Best winds: soft N, NE and W.
Undulation: NE, E, S, SW and SE. Best season: all year round.
Localism: mid-high localism.

DY

Marbella

Ubicación / ***Location***
Frente al balneario del mismo nombre. Sobre la ruta hay un cartel azul indicando el nombre del Balneario.
Right in the Marbella Beach bar. There's a blue sign in the road with the name of place.
Características / ***Characteristics***
Derechas largas e izquierdas rápidas y cavadas que rompen sobre fondo de arena. Lo ideal es surfearla con marea baja. Requiere un nivel de surf medio. Es constante. De 1.5 a 2 metros. Acceso simple, desde la playa. Mejores vientos: norte suave, noroeste, oeste.
Ondulación: noreste, este, sur, sudoeste y sudeste. Mejor época: todo el año. No hay mucho localismo.
Long rights and fast lefts. Hollow waves that break against a sandy bottom. Best to ride with low tide.
Level: Medium level. It is a constant wave that reaches 1.5 to 2 meters.
Easy beach access. Best winds: N, NW, W. Undulation: NE, E, S, SW and SE. Best season, all year round. Not too many locals.

Diva

Ubicación / ***Location***

Frente a Honu Beach. Hay sobre la ruta un cartel señalizando la ubicación del balneario.

Right in the Honu Beach. There's a sign on the road, indicating the place.

Características / ***Characteristics***

Derecha perfecta, de buen recorrido, rápida y tubular. Llega a romper hasta 3 metros de frente. Marea media a baja. Nivel de surf medio y alto. Acceso por la playa o piedras. Rompe todo el año mientras reciba buena ondulación del noreste, este, sur y sudeste. La máxima perfección la logra con vientos noroeste suave, oeste, sudoeste.

Hay locales y gente en el agua.

Perfect right, good ride, fast and tubular wave. It reaches up to 3 meters front. Mid low tide. Surf level: medium to good. Beach or rocks access. Undulation: NE, E, S and SE. The perfect waves break with NW, W and SW WINDS. Many locals and some people in the water.

DY

MM

La Maquinita

Ubicación / ***Location***
Localizada frente al rompe olas (muelle de piedra) del ahora abandonado Aquarium.
Located in the abandoned stone pier by the Aquarium.
Características / ***Characteristics***
Derecha rápida, fuerte y tubular. Una de las mejores fábricas de tubos del país. Fondo de arena y piedras. Tamaño de 1 a 3 metros. Marea media y baja. Requiere un buen nivel de surf. Acceso por las piedras o remando por la playa. Mejores vientos son el noroeste suave, oeste, sudoeste y sur suave. La onda debe ser del noreste, este, sur y sudeste. Las mejores épocas son el otoño, invierno y primavera.
Localismo: alto.
Fast, heavy, barreled wave. The best barrel machine in the country. Sand and rock bottom. The waves reach 1 to 3 meters.
Low tide. Surf level: good. Beach or gravel access. Best winds: NW, W, SW and soft S. Undulation: NE, E, S and SE. Best season, autumn, winter and spring time.
High localism.

Chatarra

Ubicación / ***Location***
Metros más al sur de La Maquinita. Sobre las piedras donde muchos dejan las cosas vas a ver un montón de hierros oxidados.
Going south from the Maquinita. From the rocks, you will see many rusted iron pieces.
Características / ***Characteristics***
Derecha rápida, fuerte y tubular. Fondo de arena y piedras. Tamaño de 1 a 3 metros. Marea media y baja. Requiere un nivel de surf medio y alto. Según la dirección de la ondulación puede salir una izquierda rápida, corta, pero muy buena. Acceso por las piedras o remando por la playa. Ondulación: noreste, este, sur y sudeste. Mejor forma con vientos noroeste suave, oeste, sudoeste y sur suave. Mejor época: todo el año. Predominando el otoño, invierno y primavera. Localismo: alto.
Fast, heavy and tubular wave. Sand and stone bottom.
The waves reach 1 to 3 meters. Best tide: medium and low.
Surf level: medium- high. Beach or stone access. Undulation: NE, E, S and Soft S. Best winds: soft NE, W, SW and Soft S.
Best season: all year round, mostly during autumn, winter and spring time.
High localism.

Horizonte

Ubicación / ***Location***
Picos situados frente a la playa pública y a la misma playa Horizonte. Acceso por ruta 11, entrada a dicha playa.
Peaks located just in front the public beach and the horizon Beach.
Access: Route 11.
Características / ***Characteristics***
Fondo de arena y piedra, derechas e izquierdas, con buena pared, rápidas y recorrido medio. Mareas media y baja. Nivel de surf alto. Tamaño de entre 1 y 3 metros. Entrada por la playa y canales.
Los vientos que le dan mejor forma son noroeste, oeste, sur suave y sudoeste, siempre que haya ondulación noreste, este. Sudeste y sur.
Es constante durante todo el año y hay locales y gente en el agua.
Both lefts and rights, sandy and rock bottom. Thick wall, fast and with a good ride. Tide: medium and low.
Surf level: High. These waves reach 1 to 3 meters. Beach and canal
Access. Best winds: NW, W, soft S and SW.
Undulation: NE, E, SE and S.
It is a constant wave all year round. Some locals and people swimming.

DY

Peligros / ***Danger:*** cuando las olas entran, es un point que tiene mucha fuerza y exige tener un buen nivel. Por las piedras suele haber corrientes fuertes. Además frente a vos (excepto en Horizonte y la Arenera) están las piedras, así que más vale que tengas el equipo en buen estado y que tus brazos estén preparados para afrontar fuertes series.
Its a very heavy and strong point, you must be in shape. Because of the rocks, there are some strong currents. You must have strong arms to paddle in case a big set comes, if not you'll end up at the rocks. (not in Horizonte and Arenera)

Arenera

Ubicación / ***Location***
Ubicada en el extremo sur de la playa Horizonte. Justo en la punta. Acceso por Ruta 11, Balnearios El Balcón y Horizonte. O acceso público por Camping.
Located to the south of Horizon beach. Access: Route 11.
Beach access (El Balcon and Horizon).
Public access by the public camp.

Características / ***Characteristics***
Point break. Derechas perfectas, olas con diferentes secciones y buen recorrido. Tamaño que oscila entre el 0.5 y 3 metros. Nivel medio a alto. Acceso por la playa, con ciertas corrientes. Marea media y baja. Mejores vientos noroeste, oeste y sudoeste. La ondulación: este, sur y sudeste. Quiebra todo el año. Localismo medio.
Point Break. Perfect rights, good ride and different sections. The waves reach 0.5 to 3 meters. Surf level: medium to high.
Beach access: watch the current. Medium and low tide.
Best winds: NW, W and SW. Undulation: E, S and SE.
You can surf this point all year round. Medium localism.

La Restinga

Ubicación / *Location*

Situada en los laterales de las restinga ubicada frente a la zona de la arenera. A unos 300 metros de la costa.

Located on both sides of La Restinga, 300 meters from the shore.

Características / *Characteristics*

Ola de mar adentro, que rompe sobre la laja de piedra situada a varios cientos de metros de la costa. Pueden ser derechas o izquierdas, siendo las primeras las más frecuentes. De 1 a 3 metros. Difícil el acceso. Para expertos y provistos de buen equipamiento. La onda para que rompa debe venir del este, sur ,sudoeste y sudeste. Los mejores vientos para surfearla son noroeste y oeste. Localismo: no existe, excepto unos bichitos grises y con aletas triangulares.

A second reef point, breaks against the rocks. Both left and right, being the last one more frequent. They reach 1 to 3 meters. Hard access. Only for expert surfers with proper surfing gear. Undulation: E, S, SW and SE. Best winds: NW and W.

Localism: doesn't exist, except for some grey fins floating nearby.

DY

Peligros / *Dangers:* es una ola que rompe lejos de la orilla y sobre lajas de piedra. Es importante que tengas un buen nivel de surf y que controles bien el estado de tu equipamiento. Otra recomendación es no ir solo.

You must be an experienced surfer. These waves break far away from the shore. If you go in, never do it on your own

La Reserva / Mirador 9 La Caseta / El Taino / Abracadabra / Piedra Marina / Playa Peralta Ramos Playa / Acquamarina / El Chiringo

MM

Ubicación / *Location*

Situados en la franja costera que va desde el balneario La Reserva hasta El Chirigo. Comienza a 1 km. hacia el sur de la rotonda del faro, llamada Castilla y León.

Many peaks, between La Campina and El chiringo.

They start 1 km south from the light house roundabout, named Castilla and Leon.

Características / *Characteristics*

Derechas e izquierdas de buena calidad. Hay dos rompientes. Una funciona con ondulación de mediana a grande (entre 1 y 2 metros) y marea media o preferentemente baja. Tiene todas las características de la ola de playa: rápida, tubular y fuerte. La otra rompiente funciona con ondulación pequeña, ola orillera, rápida y tubular. Cuando está grande es especial para bodyboard. Acceso por la playa. Son uno de los pocos points que aguantan bastante bien el noreste, tan característico del verano. También funciona con norte, noroeste y oeste. La onda debe ser del este, sur sudoeste y sudeste.

No tiene época específica. Y no hay un localismo marcado.

Good quality rights and lefts.

The first one works with a medium to high undulation (1 to 2 meters)

And medium to low tide. All the characteristics of a beach break, fast, tubular and strong.

The second one breaks best with a small undulation, shore wave fast and tubular. This is one of the only points that can handle NE winds, so characteristic during summertime. It also works with N, NE and W winds. Undulation: E, SW and SE. No specific season. Highly localism.

Peligros / *Dangers:*

Cuando hay olas chicas que rompen sobre la orilla, compartiendo el point en temporada de verano habrá bañistas de todas las edades, tené cuidado con ellos, sabés lo que duele un golpe con la tabla. Son personas!!!.

When the waves break right by the shore you should watch out the people swimming during summer time.

Yu know how nasty a board hit can be!

Otra ruta de acceso / ***Other roads access***

Una buena opción para eludir la cantidad de gente en las horas pico del verano: desde el centro tomás la Avenida Independencia hasta Mario Bravo (ver zona faro para más indicaciones). Tomás Mario Bravo hasta la intersección con la Avenida Edison (hay en la intersección una casa de venta de materiales de construcción, un pùesto de venta de choripanes, una casa donde venden postes). En esa intersección doblás hacia el sur y seguís el camino asfaltado. Vas a pasar un camping muy grande llamado El Griego, seguís, y vas a ver que el camino dobla hacia el mar, hacia tu izquierda. Seguís y vas a desembocar en plena ruta 11, en un lugar donde venden Cacharros de barro y chacinados (llamado El Gringo). Llegaste. Hacia tu izquierda los acantilados y el sector de La Serena. Hacia tu derecha La Paloma y los mejores points de olas.

To avoid summer time traffic, take the Independencia Avenue, then take Mario Bravo till you get to Edison AV.
Then, turn south and follow the road. You'll see a big Camping "El griego".
Follow the road. It will takes you to the route 11. To your left, the cliffs; to your right La Paloma and the best surfing points.

DY

La Serena

Ubicación / ***Location***

Es un sector de playas situadas en la ruta 11, a partir de los 2 km al sur del faro. Donde son hoy el Balneario Tamarindo, La Serena, La Balconada, Playa Argentina y La Paloma (no confundir con el mítico surf point).

Beaches located right by the route 11, 2 km south from the lighthouse. Known as Tamarindo, La Serena, La Balconada, Playa Argentina and La Paloma (do not get confused with the mythic surf point)

Características / ***Characteristics***

Picos que rompen sobre fondo de arena hacia la derecha y la izquierda. Constante. Funciona con diferentes tamaños de onda. Ideal para aprender y para longboard. Es otro de los points que por su ubicación geográfica con noreste sigue funcionando. De 1 a 3 metros. Marea media y baja. El acceso es simple. Mejores vientos: norte, noreste, noroeste y oeste. Ondulación: sud, sudeste y sudoeste. Es una playa bastante constante. Localismo medio pero siempre hay gente en el agua.

Beach breaks. Rights and lefts. Constant waves.
It works with any kind of undulation. This is a perfect point for beginners and long boards. It another point that works with NE winds.
Reaches 1 to 3 meters. Medium and low tides. Simple access.
Best winds: N, NE, NW and W. Undulation: SE and SW.
Some locals, always crowded.

MM

Los Acantilados

Ubicación / *Location*
La ola rompe frente a la playa que pertenece al barrio Los Acantilados. Ubicada a 4 km. al sur del faro.
These wave breaks in the Acantilados Beach. 4 km south from the lighthouse.

Características / *Characteristics*
Derechas largas y perfectas. fondo de tosca y arena, rompe frente a los acantilados. De 1 a 3 metros. Marea media a baja. Acceso simple desde la playa y cerrarse frente a los acantilados. Requiere nivel de surf medio a bueno. Buen estado. Por su perfección es ideal para longboard. El mayor tamaño y calidad lo da la onda del este, sud-sudeste, sudoeste. Y la mejor forma y perfección la adquiere con los vientos norte, noroeste, oeste y sudoeste. Las mejores estaciones son la primavera y otoño. Olas muy poco surfeadas ni exploradas. No hay lugar dónde dejar las cosas. Puede ser un buen lugar cuando hay viento suave del sur dado que la curva de los acantilados sirve de reparo.
Perfect rights and lefts. Sand and stone bottom. This wave breaks just in front of the cliffs. Reaches 1 to 3 meters. Medium or low tide.
Easy beach access. Surf level: medium to high. You must be in shape to surf this type of wave. Because of its shape, perfect for long boards.
Undulation: best conditions with E, SE and SW. Best season: spring and autumn. Not a crowded point. It is a good option for windy days.

Asado: frente a este balneario hacen un asado al asador muy bueno. El lugar se llama Viva la vaca. Lugar cotizado los fines de semana y durante la temporada. No es recomendable antes de una metida dado que seguro, por lo que vas a comer, te vas a ir para el fondo.
Otro buen asador: Sobre la ruta, camino a Barranca de los Lobos, hay un lugar donde hacen muy buen asado al asador llamado Tata Juancho. Ideal para luego de una buena metida. Los precios no son muy bajos pero las porciones son buenas. Preguntá por Mario Biondi.
Importante: toda esta zona es utilizada por muchos como lugar para hacer un asado o un fuego. Sé responsable con el fuego, apagalo bien antes de irte. Y también hacete cargo de la basura que generás. Cargala en un bolsa y tirala en un tacho. La zona, debido a que mucha gente no procedió así, está muy desmejorada.

Peligro / *Dangers*
Vas a estar surfeando frente a las barrancas por lo que se hace indispensable que tengas buen estado para remar o eventualmente nadar y en perfecto estado tu equipo (pitas y cabos).
You must be in shape and take the right gear (strong leash) and be ready to paddle hard.

BBQ: *Right in front of this beach resort, you can eat one the best bbqs. The place is called "Viva la vaca" (long live to the cow). The place is crowed during the summer time and weekends. Don't eat before going out, you'll drown after eating, that's for sure.*
Another good place: *By the road, going to Barranca de los Lobos.*
This is a well known place. Big portions, but expensive. You can ask for Mario Biondi.
Important*: This place is used to make a fire and BBQS. Please put out the fire once you leave, and don't forget to take the trash with you. Many people leave it there, so the place is a bit dirty.*

Off the Wall

  3.5 

Ubicación / ***Location***

Frente a Barranca de los Lobos. A 8 kilómetros al sur del faro.

in front the Barranca de los Lobos. 8 km south from the lighthouse.

Características / ***Characteristics***

Derecha poderosa y con tamaño. Sólo para expertos. De 2 a 3,5 metros. Acceso y salida muy difíciles. Sitio de acantilados y corrientes. Marea media, alta. Los mejores vientos son el norte suave, noroeste y oeste. La onda debe provenir del sud-sudeste, sudoeste. Es una ola que debe reunir esas condiciones para romper clásica. Durante la primavera y el otoño es más frecuente. Cuando rompe congrega a sus fans. Cuidado las cosas.

They are powerful rights that break with a good size. Only for experts. The waves reach 2 to 3.5 meters (12 feet)

They need a medium or high tide. Undulation: SSE, SW.

To break properly, these conditions are needed. Season: Spring and autumn.

DY

Peligros / ***Dangers***

Barrancas peligrosas, zona de robos frecuentes y de corrientes. Para expertos. Indispensable no meterse solo y tener el equipo en excelente estado.

Dangerous cliffs, thefts and strong currents too. Do not go in by your self and take a good surfing gear.

DY

La Paloma

Ubicación / ***Location***

Barranca situada a 9 km. al sur del faro. Hay una cabina de guardavidas pública.El pico rompe frente a esta cabina.

Hills situated 9 km south from the light. There is a lifeguard tower, and the waves breaks just in front of it.

Características / ***Characteristics***

Fondo de tosca y arena. Derecha larga, perfecta, con buen recorrido. Varias secciones. De 1 a 3 metros. También el pico abre para izquierda, más cavada y rápida. Nivel de surf bueno. Marea baja. Acceso medio a complicado (rompe frente a un acantilado), se entra remando o tirándote por las piedras. Asesorate o imitá lo que hacen los locales. Los mejores vientos para correrla perfecta son el norte, noroeste, oeste, sudoeste suave. Rompe con onda del este, sud- sudeste, sudoeste. Rompe todo el año. Localismo: alto y también hay mucha gente en el agua. Cuidado las cosas.

Sand and rock bottom. Perfect, long right rides. Many sections. They reach 1 to 3 meters. The wave also breaks to the left, much more hollow and faster. Good surfing level. Low tide. Complicated access, you must jump from the rocks. Ask about this or watch some locals jumping. Best winds: N, NW, W and SW. Undulation: SW and SE. You can surf this point all year round, High localism, and crowded. Watch your belongings.

DY

Peligro / ***Danger***

Acantilados frente a la ola. Buen equipo, estado y controlar pitas y cabos.

Cliff point. Take a good surfing gear (leash).

DY

La Parena

Ubicación / *Location*
200 metros al sur de la anterior.
200 meters south from La Paloma
Características / *Characteristics*
Derecha larga y tubular. Fondo de tosca y arena. Un poco más pequeña y menos perfecta que La Paloma. Posee varios picos que funcionan depende el fondo y la onda. Marea baja. Acceso muy difícil: tirándote por las piedras (recomendada a pesar de la larga remada) o bajar pegado al barranco (peligrosa). Mejores vientos: norte, noroeste, oeste y sudoeste. Ondulación: este, sud-sudeste, sudoeste. Mejor época: primavera y otoño. El localismo es bajo. Cuidado las cosas.
Tubular right. Long ride. Sand and stone bottom. Bit smaller than La paloma. Several peaks that work depending on the bottom and undulation. Low tide. Very dangerous access. You can either jump of the rocks (recommended apart from the long paddle out) or going down the cliff. Best winds: N, NE, W AND SW. Undulation: E, SE and SW. Best season: spring and autumn. Low localism. Take care of your belongings.

MM

Lobos

Ubicación / *Location*
Por la Ruta 11, a 10 Km. al sur de la rotonda del faro. Frente a ella hay un monumento.
10 km. South to the roundabout of the Lighthouse. (Route 11). There is a monument right in front.
Características / *Characteristics*
Derecha larga, perfecta, de gran recorrido y varias secciones. Fondo de tosca y arena. Nivel de surf medio a bueno. Marea media a baja. Requiere buen tamaño de ondulación para romper clásico. Acceso difícil. Los mejores vientos son el norte, noroeste y sudoeste. La onda debe ser grande del sudoeste, sud-sudeste. Rompe mejor en otoño y primavera. Cuidado las cosas.
Long ride, perfect, right. Many sections. Sand and rock bottom. Surf level: medium to good. Medium to low tide. It needs a big undulation in order to break classic. Best winds: N, NE and SW. Undulation: Big SW OR SSE. Best season Autumn and spring. Watch yogurt stuff.

Peligro / *Danger*
Acantilados en frente a la ola. Indispensable buen estado y controlar las pitas y los cabos.
Cliff Point. You must be in good shape and take a strong leash.

MB

La Estafeta

Ubicación / *Location*
Justo antes de que comience el barrio del mismo nombre. A 11Km. hacia el sur de la rotonda del faro.
11 Km south from the Lighthouse. Just before the La Estafeta neighborhood.

Características / *Characteristics*
Derecha larga, perfecta, de gran recorrido y varias secciones. De 1 a 3 metros. Fondo de tosca y arena. Nivel de surf bueno. Marea media a baja. Requiere tamaño para funcionar. Acceso difícil. Los mejores vientos son el norte, noroeste y sudoeste. La onda debe ser grande del sudoeste, sud-sudeste. Cuando está bueno, la ola es un pico que rompe frente a la curva del acantilado. Quiebra mejor en otoño y primavera. Precaución con las cosas.
Perfect, long Right, of great ride and several sections. From 1 to 3 meters. Bottom of rock and sand. Level of surfing: good. Average tide to drop. It requires size to function. Difficult access. The better winds are from the north, northwest and southwest. The wave should be large from the southwest, south-southeast. When the sea is in good condition, the wave is a peak that breaks at the curb of the cliff. Better season: autumn and spring. Take care of your things.

Peligros / *Dangers*
Acantilados en frente a la ola y lejanía con la orilla. Indispensable tener buen estado físico, buen nivel y controlar las pitas y los cabos.
Cliffs in front of the wave and away from the shore. It is essential to be in good shape, to have a good surfing good level and control your leash and the tips.

MB

DY

Luna roja

Ubicación / ***Location***

Ruta 11, a 12 Km de la rotonda del faro. Hay un balneario del mismo nombre, sin embargo la ola rompe frente al muelle situada en el Balneario Club de Mar.

Route 11, 12 Km from the roundabout of the lighthouse. There is a Beach bar of the same name. The wave breaks in front the pier at the Sea Club Spa.

Características / ***Characteristics***

Fondo de tosca y arena. Izquierdas largas y perfectas. De 1 a 2,5 metros. Varias secciones. Nivel de surf medio. Marea alta, media y baja. Buena para longboard. Fácil acceso. Mejores vientos: norte, noreste suave, noroeste, oeste. Ondulación: este, noreste, sud-sudeste. Funciona todo el año. Hay locales. También suele salir una derecha de poco recorrido del otro lado del muelle.

Rock and sand bottom. Perfect and long left. From 1 to 2,5 meters. Several sections. Level of surf: medium. Low, average, and high tide. Good for long board. Easy access. Better winds: north, western, northwest, smooth northeast. Undulation: northeast and south-southeast. Surf all year round. High localism. Right, short ride, breaks on the other side of the pier.

RCT

Ubicación / ***Location***

Frente al balneario llamado Siempre Verde. A 12 km de la rotonda del faro, llamada también Castilla y León.

Right in front of the Siempre verde Beach bar. 12 Km from the Light house roundabout. Also known as Castilla y Leon.

Características / ***Characteristics***

Fondo de arena y tosca. De 1 a 2 metros. Derechas e izquierdas perfectas, rápidas y tubulares. Nivel de surf medio / alto. Marea media o baja. Acceso fácil. Entran olas cuando vienen del este, noreste, sud-sudeste. Y los mejores vientos son el norte, noroeste, oeste. Funciona todo el año. Localismo: bajo. Cuidado las cosas.

Sand and stone bottom. From 1 to 2 meters. Rights and lefts, fast, perfect and tubular. Level of surf: medium / high. Average or low tide. Easy access. They waves break when they come from the east, northeastern, south-southeast. And the better winds are the north, northwest, western. Season: All year round . Low localism. Take care of your things.

MM

Paradise

Ubicación / ***Location***

Por la Ruta 11, a 13 Km. al sur de la rotonda del faro, Castilla y León. Frente a lo que fue una pileta artificial donde se practicaba ski acuático.

By Route 11,13 Km. South to the lighthouse roundabout, Castilla y Leon. In front of what used to be artificial pools, where they use to practice water ski.

Características / ***Characteristics***

Fondo de tosca y arena. Derecha, larga, perfecta, tubular y de buen recorrido. De 1 a 3 metros. Marea media a baja. Acceso medio. Nivel de surf medio / alto. La mejor ondulación es la sud- sudeste, sudoeste y este, con la que levanta buenas olas. Y los mejores vientos para que se mantenga perfecta deben ser el norte, noroeste, oeste. Funciona todo el año, aunque hay que estar atentos a las mareas. Hay un localismo medio. Cuidado las cosas. Lugar peligroso por los robos para dejar el auto.

Stone and sand bottom. Right, long, perfect, tubular and long ride wave. From 1 to 3 meters. Average tide to break. The access is kind of complicated. Level of surf: medium / high. The best undulation is the south-southeast, southwest, which produces good waves. And the best winds to maintained them perfect are north, northwest, western winds. They work all year round. Although you should be alert to the tides. There is a medium provincialism. Take care of your things. Dangerous place to leave the car.

Peligro / ***Danger***

Asegurate de tener la pita y los cabos en perfecto estado, estás surfeando frente a las rocas.

Make sure you maintain your leash in perfect conditions; you will be surfing against the rocks.

MM

Cruz del sur

Ubicación / ***Location***

Ruta 11, a 13,5 km. al sur de la rotonda del faro.

Route 11, 13,5 km. going south of the roundabout of the lighthouse.

Características / ***Characteristics***

Fondo de arena. Izquierda de muelle, rápida y tubular. En el medio, picos de derecha e izquierda, rápidos y tubulares. Marea media, baja. De 1 a 2 metros. Fácil acceso. Nivel de surf medio. Para que sea perfecta debe soplar viento norte, noroeste u oeste. La dirección de la onda del este, sud-sudeste y sudoeste. Rompe todo el año. Hay bastantes locales y gente en el agua. Zona peligrosa para las cosas.

Sandy bottom. This wave breaks left to the pier, fast and tubular. Rights and lefts, fast and tubular. Low, average tide work best. From 1 to 2 meters. Easy access. Level of surf: medium. Winds should blow north, northwest or western to break classic. Best undulation: E, SSE and SW. This wave breaks great year round. High localism and crowded point. Watch your belongings.

Redondo

Ubicación / ***Location***

Ruta 11, a 14 Km. al sur de la rotonda del faro.

Route 11, 14 Km. south from the lighthouse roundabout.

Características / ***Characteristics***

Derecha larga y de buena calidad. Fondo de tosca y arena. Marea media, baja. De 1 a 3 metros. Nivel de surf medio. Buena para longboard. Ondulación este, sud- sudeste y los vientos del norte, noroeste y oeste, hacen que rompa con tamaño y perfecta, durante todo el año. Localismo: medio. Precaución, peligro de robo.

Long, good quality, right. Sand and rock bottom. Low, average tide. Breaks from 1 to 3 meters. Surf level: medium. Good for long board. Best undulations: south-southeast Best winds: north, northwest, western winds. Break big and with perfect peaks all tear round. Localism: medium. Beware: robberies.

DY

Chapadmalal

Ubicación / ***Location***

Todo la zona de la colonia del mismo nombre. Situado a 17 km. al sur de la rotonda del faro, de nombre Castilla y León.
Along the colony of the same name. Located 17 km. south from the lighthouse roundabout.

Características / ***Characteristics***

Fondo de arena y piedra. Varias olas situadas a lo largo de esta franja costera. Picos localizados frente a los muelles y también dispersos, con direcciones variables entre ellos. Muelle 3, izquierda, rápida, tubular y de buena perfección. Muelle 4, derechas e izquierdas tubulares y poderosas. Muelle 5, derechas de tamaño y perfectas. Muelle 6, derecha rápida, con tamaño y tubular. De 1 a 3 metros. Todas requieren un buen nivel de surf. Marea media a baja. Acceso medio. Los mejores vientos para su perfección son el norte, noroeste y oeste. La onda que mejor le entra es la del este, sud-sudeste y sudoeste. Rompe todo el año. Olas concurridas, con locales y hay peligro de robo de cosas.
Sand and stone bottom. Several peaks along this coast. Peaks located against the pier and also dispersed, with varied directions among them. Pier 3: left, fast, tubular wave. Pier 4: Powerful rights and lefts. Pier 5: A perfect sized right. Pier 6: fast right, with great size and barrels. From 1 to 3 meters. All these waves require a good level of surf. Best tide: average to low. Medium access. The better winds from the north, northwest and western. Best undulation: east, south- southeast and southwest. You can surf this point all year round. Crowded spot and high localism. Risk of robberies.

Las Brusquitas

Características / ***Characteristics***

Izquierdas con tamaño, perfectas y tubulares. Poco concurridas. Fondo de arena y piedra. La mejor onda que recibe es la del sur y la del sudeste. Los mejores vientos son los terrales: oeste, noroeste y también aguante el norte. No hay muchos locales y la zona es peligrosa para las pertenencias.
Perfect lefts, large and tubular. Not very crowded. Sand and stone bottom. Best undulation from the south and the southeast. The better winds blow from the west, northwest and can also break with the north wind. Not too many locals. Watch your stuff.

DY

MAR ARGENTINO

N
O E
S

E
S
N
O

ARENAS DE ORO

la CERO

la BOLLITA

HONORES

el ARROYITO

EL CENTRO

la 33

El MUELLE

el

11

A MAR del PLATA

AV. COSTANERA

El VIVERO

MIRAMAR

AV. 9

AV. 23

AV. 37

a MA
DEL SU

HISTORIA

Los antecedentes de esta ciudad, que por ese entonces era conocida como Mira Mar, se remontan a fines del 1800. Los anales de la historia nos recuerdan que, como tantas otras ciudades, sus inicios fueron como establecimiento de campo.
Desde aquellos años hasta hoy se ha transformado, lenta pero tenazmente, en una de las ciudades balnearias más importantes del país, con una intensa vida social y cultural. Sin embargo, todo aquel que la visita no deja de percibir una tranquilidad que la inunda. Hay quienes dicen que su ligazón con el campo no se ha quebrado nunca, y esta es la causa de los aires mansos que se respiran. Habrá que descubrirla...
Situada a 45 kilómetros de Mar del Plata, Miramar es otra excelente posibilidad para conocer y un lugar que, además de muy buenas olas (de las mejores del país), también te dará todo lo que encontrás en las grandes ciudades y unos regalos naturales que, cuando Neptuno no ayude, no podés dejar de conocer.

HISTORY

The city was founded at the end of the 19th century and originally named Mira Mar (Look at the Sea). It origanally was, like some many other cities, a place of fields and farms. Since then, Miramar has become one of the most important oceanic cities of Argentina. Miramar has an intense cultural and social life. You can still breathe the country breeze they enjoyed in the old times. You have to discover it.
It is located 45 kilometers from Mar del Plata. It has excellent waves (one of the best in the country), and so much to do, as in a big city, when Neptune does not help.

UBICACIÓN GEOGRÁFICA / *LOCATION*

Miramar se encuentra ubicada en el sudeste de la Provincia de Buenos Aires (Latitud 38° 16' Sur, Longitud 57° 50' Oeste), a 450 Km. de la Ciudad Autónoma de Buenos Aires.
Limita al N-NE con el Partido de General Pueyrredón (Mar del Plata queda a 45km); al N-No con el Partido de General Balcarce; al O-SO con el Partido de Lobería; y al SE-S-SO con el Mar Argentino.

Miramar is located Southast to the city of Buenos Aires (38 16 lat., 57 50 longitude west)
It limits to the Northeast with the Partido de General Pueyrredon, 45 kilometers from Mar del Plata. It limits Northwest to the Partido General Balcarce, Southwest to Loberia and Southeast to the Atlantic Ocean.

COMO LLEGAR
HOW TO GET THERE

Terrestre / *By car*
Desde el Norte: Por ruta Provincial N° 2 y ruta Provincial N° 11 y por Ferrocarril Roca.
Desde el Sur: Por ruta Provincial N° 88 y ruta Provincial N° 77.
Desde el Noroeste: Por ruta Provincial N° 226 y rutas 11 y 88.
Coming from the North: *Route 2 or Route 11.*
Coming from the South: *Route 88 or 77.*
Coming from the Northwest: *Route 226, 11 or 88.*

Aérea / *By Plane*
El aeropuerto de Miramar, alternativa al de Mar del Plata, con una pista de 1850 mts. y capacidad operativa de última generación, se inauguró en diciembre de 1997, junto a la torre de control. Resta la construcción de la aero estación.
Miramar´s Airport, built in 1997, alternative to Mar del Plata´s, operates with the latest technology and has a 1850 meter-runaway. The aero station is not ready yet.

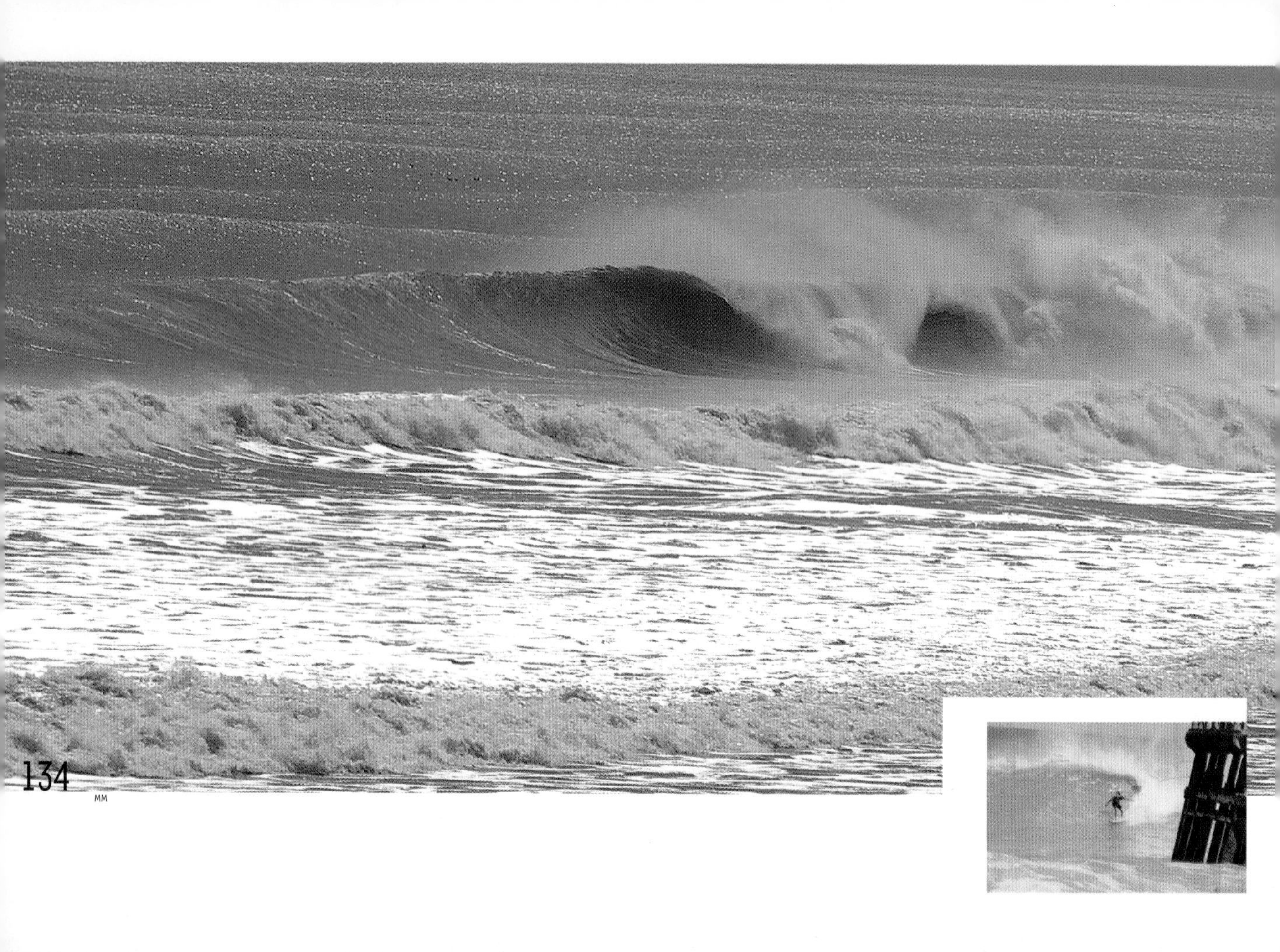

MM

CARACTERISTICAS GENERALES DE LAS OLAS DE MIRAMAR

El 90% de los points son beach breaks. Recibe swells del sur, sudoeste y del sudeste. Si los swells provienen del sur o sudoeste predominan las derechas. Cuando el swell es del sudeste son las izquierdas las que rompen. Rara vez, con un swell muy fuerte del este vamos a surfear buenas izquierdas.

En cualquiera de los casos hay que esperar que el viento rote y se ponga de tierra para que el mar se ponga glass y las condiciones sean perfectas.

Con un swell del sudoeste y el viento del norte, oeste o noroeste, se darían las condiciones ideales para surfear en Miramar.

Las características generales de las olas y de sus playas es que son de fácil acceso y hacen que el surf sea accesible para surfistas de cualquier nivel.

CHARACTERISTICS OF MIRAMAR'S WAVES

90% of the points are beach breaks; swells come from the South, Southwest and Southeast. If the swells come from the South or Southwest right waves break. When the swell comes from the Southeast left ones break. Very seldom we will be able to surf good left waves with strong eastern swells. In any case, you have to wait till winds rotate from inland, for a glassy sea and good conditions.

Southwest swells and North, West or Northwest winds make the ideal conditions to surf in Miramar. Easy beach access.

EL SURF EN LA CIUDAD

Esta ciudad es otro gran referente a la hora de hablar de tablas y olas. Desde hace muchos años, los surfistas locales surcan las buenas olas de la zona, adquiriendo gran nivel y experiencia. La calidad de las olas seguro tienen mucho que ver en esto, siendo un motor permanente para el crecimiento del deporte en la ciudad. Entre sus hijos se encuentran, por nombrar sólo a algunos, Agustín Bollini y Daniel Gil, los dos integrantes del equipo nacional de surf que nos ha dejado muy bien parados en el último mundial corrido en Durban, Sudáfrica.

SURFING IN THE CITY

This city is another great referent when talking about boards and waves. For a long time, local surfers have been searching for good waves in the area, gaining experience and good surfing level. The quality of the waves have a lot to do with this, since they are a permanent driving force for the gorwth of this sport. Among them, we can mention Agustin Bollini and Daniel Gil, two members of the national surfing team, who has a great performance in the last World Surfing Games at Durban, South Africa.

MM

QUE HACER CUANDO NO HAY OLAS

> Un lugar que no podés dejar de visitar es el Vivero Dunícola Florentino Ameghino, o entre nosotros y como casi todos los conocen: El vivero.

Si te gustan los árboles, y conocés un poco de especies, allí vas a encontrar diferentes tipos de plantas (pinos, acacias y eucaliptos de varios tipos), todos característicos de la zona. Para los más neófitos, pero sí amantes de la naturaleza, el vivero es una enorme superficie, exactamente 502 hectáreas, donde poder relajarse, escuchar el canto de la enorme cantidad de pájaros y respirar aire puro. Todo esto fundamental antes o después de una buena metida.

Otra de las opciones que te ofrece este lugar es recorrerlo a caballo (muy divertido hacerlo entre varios, no todos sobre el mismo animal, claro) o comerse un asadito en la gran cantidad de fogones que hay disponibles. Posee un centro energético muy visitado por turistas de todas partes.

Por último también hay otra opción, también muy recomendable, y es ir bien acompañado y bueno, vos sabrás cómo seguir.

> Es muy bueno y económico comprar en la playa ni bien arriban, pescado fresco, recién sacadito, a los pescadores artesanales que, siempre que haya buen tiempo, salen a buscar los frutos del rico mar argentino.

> Miramar es una ciudad muy tranquila durante el invierno, especial para venir a descansar los fines de semana. Por ser una ciudad turística, en verano hay mucha cantidad de gente, sobre todo, en enero. Hay olas durante todo el año siendo la mejor época entre octubre y mayo.

Para los amantes de la pesca, se puede pescar desde la costa, del muelle de pescadores y también pesca de embarcado.

> En el centro de la ciudad se encuentran la mayoría de los restaurantes, parrillas y pizzerías. Locales para hacer compras y algunos surf shop. The Crow, es el surf shop más antiguo de la ciudad, y está abierto todo el año. Ahí encontrarás todo lo que un surfista necesita.

Otro surf shop, Mushroom, donde encontrarás variedad, así como proyecciones de videos, desayunos y reporte diario de condiciones marítimas.

> Para la noche te recomendamos dos lugares: Mezcal Resto Bar, es el lugar preferido por los surfistas, los cuales se reúnen en este lugar después de un buen día de olas. Está atendido por sus propios dueños, ambientado con las mejores fotos de olas de surfistas locales y con pantalla gigante para ver buenos videos.

Otro paso obligado para los surfistas es Iguana Surf Bar ubicado frente al muelle, con excelente vista y la mejor música.

WHAT TO WHEN THERE ARE NO WAVES

> The Vivero Dunicola Florentino Ameghino, is a must to see. If you like trees, there you will find pinetrees, acacias and eucaliptuses of various types. Nature lovers can enjoy 502 hectares of nature and thousands of birds. All this, before or after a surfing session. Another option is horse riding with other tourists. There is an incredible energetic park. Another good advice is to visit Miramar´s park, in good company.

> It is possible to buy fresh fish from the local fishermen. Delicious and very cheap!

> Miramar is a very quiet city during the winter, and an excellent place for quiet weekends. But during the summer, it is very crowded, especially in January. There are good waves all year round and the best time to come is between October and May.

> Most restaurants, grills and pizzerias are downtown. You can also find all kind of stores, including surf shops. The Crow is the oldest surf shop in the city and it is opened all year round. There you will find all you need. Mushroom, another surf shop. Very well stocked: DVD, breakfast and daily waves report.

> At night, the best choice is Mescal Resto Bar, the favourite surfer's meeting point. The bar is run by its owners, who decorated it with local surfers pictures and also show surf videos. Another place surfers must visit is Iguana Surf Bar, in front of the pier. Excelent view and the best music!

MM

Arenas de Oro

Ubicación / ***Location***
En las Brusquitas, en la ruta 11 de Mar del Plata a Miramar, a 6 km, aproximadamente del centro de la ciudad. Es la primera ola.
In Brusquitas, route 11 from Mar del Plata to Miramar, approximately 6 km from downtown. This is the first wave.

Características / ***Characteristics***
Un beach break de izquierda aunque a veces también salen buenas derechas. Es una ola cerrada y tubular, sin duda una de las más tubulares de la ciudad. Una de las olas preferidas por los marplatenses por su lejanía del centro. El fondo es de piedra con poca arena lo que hace que la ola tenga mucha fuerza. Poco crowd.
A left beach break, although there can be good rights. It is a closed wave and tubular. No doubt, one of the most tubular of the city. One of the preferred waves by the locals because it is far away from downtown. It has a bottom of rock with little sand, which gives the wave a lot of force. Not much crowd.

El Golf

Ubicación / ***Location***
Frente del Golf Club de Miramar.
In front of the Miramar Golf Club.

Características / ***Characteristics***
Derecha e izquierda de gran tamaño y fuerza. Rompe a 100 mts. de la orilla. Fondo de piedra. Por romper tan lejos de la orilla, se hace un poco difícil el acceso y es por eso que difícilmente encontramos crowd.
Left and right, big sized and with force. It breaks 100 m away from the shore. Because of this, it gets a little difficult to access and therefore we hardly find any crowd.

La Cero

Ubicación / ***Location***
Esta ubicada del lado norte de la primer escollera de Miramar.
It is located. To the north side of the first water break of Miramar.

Características / ***Characteristics***
Es una derecha triangular, tubular con mucha fuerza y buen recorrido. Una de las mejores derechas de Miramar. Su fondo es de piedra y rompe con marea alta. Soporta tranquilamente el viento del sur. Los días clásicos se llena de surfistas y por las características de la ola, que arranca pegada a las piedras se hace muy difícil.
It is a triangular rights, tubular with a lot of force and good ride. One of the best rights of Minamar. It has a bottom of rocks and breaks with high tide. It bears south wind. On classic days, it is full of surfers and by the characteristics of the wave, which starts off by the rocks and makes it difficult.

El Náutico

Ubicación / ***Location***

Playa siguiente a La Cero, más próxima a la ciudad, donde se encuentra el Club Náutico.

Next beach to Cero, nearer to the city, where the Nautical Club.

Características / ***Characteristics***

La misma playa tiene tres olas distintas. La primera rompe del lado derecho de la escollera cero. Es una izquierda excelente que arranca delante de la escollera y tiene buen recorrido. Es una ola de mucha fuerza buena para maniobras y los días clásicos se pone tubular. La ola del medio rompe tanto derecha como izquierda. Del lado izquierdo de la escollera uno rompe una derecha con las mismas características que la izquierda. El fondo es de arena firme y plana. Los días clásicos mucho crowd.

The same beach has three different waves. The first one breaks next to the Cero water break. It is an excellent left, which starts off in front of the water break and has a good ride. It has a lot of force; good for maneuvers and on classic days it gets tubular. The middle wave breaks both left and right. From the left side of the water break, there is a right with the same characteristics to the left. It has a bottom of sand, firm and plain. On classic days there is a lot of crowd.

La Bollita

Ubicación / ***Location***

Se encuentra ubicada en la boca náutica, frente a Prefectura Naval. Lleva este nombre por la bolla que delimita la entrada y salida de embarcaciones.

Located at the nautical mouth, in front of the Naval Prefecture. It is named "La Bolita" after the buoy that limits the entry and exit of boats.

Características / ***Characteristics***

Izquierda que funciona con marea alta, de dos secciones. La primera pegada a las piedras, lenta, buena para maniobras y la segunda más chupada y rápida. El fondo es de arena y debido a los movimientos de los bancos rompe en determinados momentos del año. Por lo general rompe en los meses de noviembre y diciembre o marzo y abril. Es el único lugar que soporta el viento del este. Crowd: escaso.

Left that works with high tide, in two sections. The first wave by the rocks, slow and good for maneuvers and the second wane is faster. It has a bottom of sand and because of the movements of the banks; it breaks at certain times of the year. The only place that bears winds from the east. Crowd: scarce.

Acuarela

Ubicación / ***Location***

Del lado derecho de la escollera tres, frente al camping El Durazno.

On the right side of water break 3, in front of the Durazno camping.

Características / ***Characteristics***

Es una de las mejores izquierdas de la ciudad. Un beach break fuerte, rápido y tubular. Es una de las olas preferidas por los locales.

Fondo de arena. Los días clásicos, el gran crowd la hace imposible. Mejor buscar una playa alternativa.

It is one of the best lefts of the city. A strong beach break, fast and tubular. It is one of the preferred waves by the locals. It has a bottom of sand. On classic days, there is a lot of crown, which makes it impossible. The best thing is to find another alternative.

MM

Chicama

Ubicación / ***Location***
Al lado sur de la misma playa de Acuarela, para el lado del centro.
To the south of Acuarela beach, near downtown.
Características / ***Characteristics***
Derecha de similares características a la ola de Acuarela.
Fondo de arena. Crowd: Moderado.
Right with similar characteristics to the Acuarela wave. Crowd: Moderate.

Cacho

Ubicación / ***Location***
Playa siguiente a Chicama para el lado del centro.
Next beach to Chicama near downtown.
Características / ***Characteristics***
Izquierda de buen tamaño y recorrido. Los días clásicos rompe pasante adentro. Se forman dos secciones largas, siendo la última más tubular.
Fondo: De arena, muy cambiante, por lo tanto esta playa no es muy constante.
Crowd: Moderado.

MM

Left - good size and run. On classic days, it breaks inshore. Two long sections are formed, the latter being tubular.
Bottom: of sand, changing, there the beach is not so constant.
Crowd: Moderate

MM

Médanos

Ubicación / ***Location***
Frente al balneario con el mismo nombre.
In front of the Medanos beach resort.

Características / ***Characteristics***
Sin duda la mejor y más larga izquierda. Los días clásicos rompe 30 mts delante de la escollera y tiene 3 secciones bien definidas. Tiene 250 mts de recorrido. La sección del medio tira grandes y largos tubos. Fondo: Arena.
Crowd: Por sus características es una ola que soporta mucha gente. Cuando está bueno está lleno de surfistas.
The best and longest left of all. On classic days it breaks 30 m in front of the water break and has 3 well-defined sections. It has a 250 m ride. The middle section makes big and long tubes.
Bottom: Sand.
Crowd: Because of the characteristics of the wave, there are a lot of people. When it's good it's full of surfers.

Honores

Ubicación / ***Location***
Esta ubicada en la entrada de la ciudad (Arco de San Martín).
Located at Arco de San Martín.

Características / ***Characteristics***
Es una derecha increíble. Es la ola más constante de la ciudad.
Rompe todo el año en una playa de muy fácil acceso. Cuando no hay olas en Honores siempre sale algo. También hay buenas izquierdas.
Fondo: Arena. Crowd: Imposible surfear solo. Siempre hay gente en el agua.
An incredible right. It is the most constant wave of the city. It breaks all year round in a beach of little access. There are also good lefts.
Bottom of sand. Crowd: Impossible to surf alone. There are always people in the water.

El Arroyito

Ubicación / ***Location***
En la primer rotonda de la ciudad.
In the first roundabout of the city.

Características / ***Characteristics***
Es una derecha muy tubular y rápida. Los días clásicos, es el sueño de los regulars. En esta playa desemboca el arroyo El Durazno y la corriente que se genera, le da esta característica tubular. Fondo: Arena. Crowd: Moderado. Por su dificultad, es una ola para surfistas experimentados.
It is a very tubular and strong right.
On classic days, it is the dream of the regulars.
The Durazno stream flows onto this beach and the current that it generates, gives the wave this tubular characteristic.
Bottom of sand.
Crowd: Moderate. Because of its difficulty, it is a wave only for experimented surfers.

MM

Pancho

Ubicación / ***Location***
Es la playa siguiente al arroyo para el centro
It is the following beach to the stream towards downtown.
Características / ***Characteristics***
Izquierda y derecha de poca constancia. Fondo arena. Crowd mínimo.
Left and right of little consistency.

Paco (Jamonera)

Ubicación / ***Location***
Frente al balneario Paco.
In front of the Paco beach resort.
Características / ***Characteristics***
Es una izquierda corta, con mucha fuerza. Fondo: La construcción de las escolleras hizo que se formara un pozo que perjudico mucho a esta playa, ya que no rompe como años atrás. Crowd no hay.
It is a short left, with a lot of force. Bottom: The construction of water breaks caused the formation of a whole which harmed the beach a lot, since the waves don't break like the used to. No crowd.

Centro

Ubicación / ***Location***
En el centro de la ciudad, frente al balneario Neptuno.
Downtown of the city, in front of the Neptuno beach resort.

Características / ***Characteristics***
Es otra de las olas clásicas de Miramar. Rompe delante de la escollera de Neptuno. Los días clásicos es increíble. Una derecha parada de largo recorrido, y una izquierda más corta, pero muy buena. El fondo es de arena.
Por su ubicación en le centro de la ciudad, fácil acceso y cercanía, es una ola con mucho crowd.
Another classic wave of Miramar. They break in front of the Neptuno water break. On classic days they are incredible. A long ride right and a shorter left, but really good. It has a bottom of sand. Easy access and therefore, there is a lot of crowd.

MM

La Mitre

Ubicación / ***Location***
Se encuentra ubicada en la rotonda de la Avenida Mitre.
Located in the roundabout of Mitre avenue.

Características / ***Characteristics***
Es un beach break divertido que rompe tanto izquierda como derecha. Es una ola corta. Fondo arena. Crowd no tiene.
A fun beach break that breaks both left and right. It is a short wave. Bottom of sand. No crowd.

La 33

Ubicación / *Location*
En la calle 33 camino al muelle.
On 33 street towards the pier.

Características / *Characteristics*
Es la continuación de la ola del muelle. Es una derecha increíble de gran tamaño, fuerza y recorrido. El fondo es de piedra. Lo que hace que la ola con las condiciones indicadas sea siempre la misma.
Crowd los días clásicos hay muchos surfistas, pero por las características de l dificil acceso al point, es una ola para surfistas experimentados.
It is the continuation of the pier wave. It is an incredible right; big size, force and run. Bottom of rock.
Crowd: on classic days there are many surfers, but the characteristics of the wave are of difficult access to the point. A wave for experimented surfers.

MM

El Muelle

Ubicación / ***Location***

Se ubica en el final del paseo costanero, en el muelle de pescadores.

Located at the end of the coastal walk, in the fishermen's pier.

Características / ***Characteristics***

Es la ola más famosa de Miramar, y una de las mejores olas de Argentina. Es una derecha que rompe con mucho tamaño. Llega a tener entre 10 a 12 pies. Tiene mucha fuerza y gran recorrido. Se entra saltando desde el mismo muelle. De otra manera, seria imposible pasar la rompiente. Por su muy difícil acceso y dificultad es una ola para surfistas experimentados.Fondo de piedra. Por su fondo también es muy complicada la salida.Los días clásicos, hay muchos surfistas. De todas maneras soporta mucha cantidad de gente. La mejor época es en marzo y abril (Semana Santa).

The most famous wave of Miramar, and of the best in Argentina. A big sized right. It reaches between 10 to 12 feet. It has a lot of force and you can enter it by jumping from the pier. It would be quite impossible to access, otherwise. Only for experiemnted surfers. Bottom of rock. Because of the bottom. On classic days, there are many surfers. Anyway, there is a lot of crown. The best time of the year is between March and April (Easter).

El Pomol

Ubicación / *Location*
Del lado derecho del muelle. Lleva este nombre porque significa muelle en yugoeslavo, en honor a uno de los pioneros del surf en Miramar y argentina, el yugoslavo José Zurga.
On the right side of the pier. "Pomol" means pier in Yugoslavian and it is named after one of the pioneer surfers of Miramar, the Yugoslavian José Zurga.
Características / *Characteristics*
Es la mejor derecha de la ciudad, de calidad internacional. Es una ola grande, fuerte y perfecta. Fondo de piedra. La salida es muy complicada.
Los días clásicos hay mucho crowd. La mejor época del año es en marzo y abril (Semana Santa).
The best right of the city; of international quality. It is a big wave, strong and perfect. Bottom of sand.The exit is very complicated.
On classic days there is a big crowd.
The best time of the year is between March and April (Easter).

La Baliza

Ubicación / *Location*
En la entrada del Vivero frente a la baliza, en lo que se llama Punta Hermengo.
In Punta Hermengo.
Características / *Characteristics*
Es el comienzo de la ola del Pomol. Es una derecha que rompe bien atrás y los días que el mar esta bajo tiene un drop crítico.
Rompe encima de una laja de piedra lo que forma un pico tubular.
Son pocos los que se animan a esta ola.
It is the beginning of the Pomol wave. It is a right that break way back and on days of shallow sea, it has a critical drop.
It breaks on a rock that forms a tubular peak. Not many dare to surf it.

El Vivero

Ubicación / *Location*
Pasando el muelle, hacia el sur se encuentra esta hermosa reserva natural.
After the pier, to the south there is a beautiful natural reserve.
Características / *Characteristics*
En realidad la costa del vivero tiene unos tres kilómetros de recorrido accesibles para un vehículo común con un vehículo 4x4 se llega hasta mar del sur por la arena donde se encuentran gran cantidad de points con olas.
The coast of the plant nursery has about three km that you can access with a normal vehicle. With a four-wheel drive you can go by the sand till Mar del Sur, where you can find a lot of wave points.

Otros secrets spots / *Other secret spots*
En lo que respecta a la costa del vivero hay tres o cuatro points de características similares a la ola de la Baliza. Después del Faro de Punta Hermengo, la costa dobla y cambia su geografía. Por esto que en el vivero también se puede surfear con viento suave del este.
As regards the plant nursery coast, there are three or four points with the same characteristics to the Baliza wave. After the Punta Hermengo lighthouse, the coast turns and changes its geography. This is why in the nursery you can surf with soft winds from the east.

MM

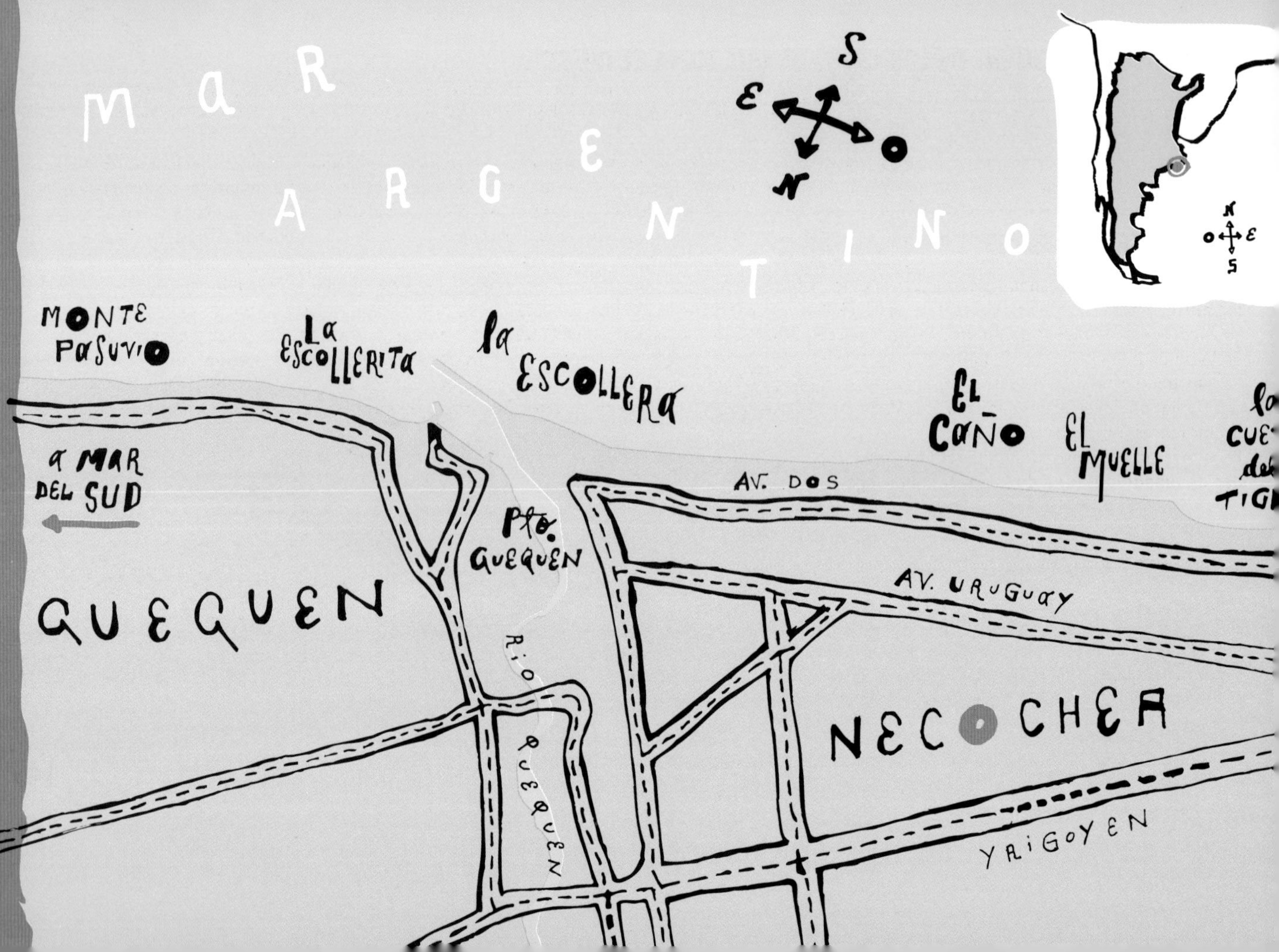

MAR ARGENTINO

S
E
O
N

N
O E
S

MONTE PASUVIO

La ESCOLLERITA

la ESCOLLERA

EL CAÑO

EL MUELLE

la CUE del TIG

a MAR DEL SUD

AV. DOS

Pto. QUEQUEN

AV. URUGUAY

QUEQUEN

RIO QUEQUEN

NECOCHEA

YRIGOYEN

NECOCHEA Y QUEQUÉN: DE LOS CAMINOS QUE TOMA EL DESTINO

No, no es el título de una canción nostálgica. Es una frase que se le ocurre a quién escribe acerca del nacimiento de esta ciudad. Según los anales de la historia, podríamos decir que la hermosa ciudad de Necochea debe su existencia a la sal, los malones indígenas, al mar bravío y a la solidaridad. Si, puede llegar a sonar desprolijo, pero fue así.

Cuentan que en busca de sal, polvo preciado e indispensable para alimentarse, allá por fines del 1600, hallaron los primeros occidentales a estas tierras. Así fue que rumbo a lo que se conocía como Salinas Grandes, llegaron soldados y descubrieron que además del pecaminoso condimento, había también fértiles tierras que trabajar y donde asentarse. Además otro atributo hacía ideal la zona; la existencia del río Quequén, proveedor inagotable de la vital agua. Así lo confirmó 60 años después un jesuita de apellido Cardiel, quién realizó los primeros trabajos de cartografía y, entre nosotros, le echó el ojo a las ricas tierras.

Y de este modo, con los años, se fundó la ciudad de Necochea. ¿ Y los malones, el mar tempestuoso del invierno y la solidaridad?.

Simplifiquemos así llegamos a lo que nos interesa. Los malones indígenas asolaban a los primeros habitantes, causando verdaderos estragos en la incipiente población. Estos repetidos ataques hizo indispensable el juntarse en grupos, por este dicho nunca más verdadero de la unión hace la fuerza. Finalmente fue el bravo mar, un naufragio y la necesidad de ayudar a las víctimas, que los habitantes que se encontraban dispersos, se vieron juntos casi por primera vez, y notaron el enorme potencial que aunados tenían. Luego de esto empezaron a reclamar por la necesidad de crear una localidad que los represente, y luego de unos años, nace, por obra de la suerte de aquellos primeros exploradores, la ciudad de Necochea.

Años más tarde, a fuerza de un creciente desarrollo en la zona y ante la necesidad de contar con un puerto, se decide fundar la ciudad de Quequén, que luego fue anexada al Partido de Necochea.

NECOCHEA AND QUEQUEN: DESTINY TAKES TWO DIFFERENT WAYS

No, it is not the name of a sad song. It is a phrase to describe the birth of this city. History says, that this beautiful city owes its existence to the SALT, the Indians, the brave sea and solidarity. It might sound strange, but it was like that.

Stories tell that back in the 1600, searching for salt, precious power used for foods, the first white men came to these lands. This is how many soldiers came to this place called Salinas Grandes and also discovered that there were fertile lands to work on and settle. Another quality of the area: The Quequen river, endless provision of vital water. This is what a Jesuit called Cardiel confirmed 60 years after in his first works of cartography, and who like other put an eye on these rich lands. And like this, with the years, the city of Necochea was founded. And the Indians, the stormy winter and the solidarity?

We will make it simple, so we can get to what we are interested in. The Indian raids devastated the first inhabitants, causing real destructions on this new population. These repeated attacks forced them to get into groups to fight the Indians. Finally, it was the brave sea, a shipwreck and the need to help the victims made them realize that together they were stronger and started claiming for the foundation of a city that would represent them. Years later, thanks to these people the city of Necochea is born. Then, due to the growth of the area and before the need of having a port, they decided to found the city of Quequén, which afterwards was annexed to Necochea.

FOTOS QUEQUEN Y NECOCHEA
GENTILEZA HERNAN RAMOS

UBICACION GEOGRÁFICA / *GEOGRAPHIC LOCATION:*

El partido de Necochea, cuya extensión es de 4.506,5 kilómetros cuadrados, esta situado al sudeste de la provincia de Buenos Aires, entre los 58° 45´ de longitud oeste y los 37° 40´ a 38° 45´ de latitud sur. Limita al este con el Partido de Lobería, al norte con Tandil y Benito Juárez, al oeste con González Chavez y San Cayetano y al sur con el Océano Atlántico.

Necochea, with 4506,5 km2, is located Southeast to the province of Buenos Aires, between 58° 45´ w longitude and 37° 40´ to 38° 45´s latitude. It limits east to Lobería, North to Tandil and Benito Juarez, west to Gonzalez Galvez and San Cayetano and south to the Atlantic ocean.

COMO LLEGAR
HOW TO GET THERE

Esta ciudad cuenta con la infraestructura necesaria y adecuada para que se pueda acceder tanto por tierra como por aire.

This city has the necessary and appropriate to access either by land or by air.

Terrestre / *By car*

Necochea está unida con el resto del país a través de cuatro rutas. La N° 88 la comunica con Miramar y Mar del Plata y desde ésta última con Buenos Aires y el resto de la Costa Norte, a través de las rutas N° 2 y 11. La ruta N° 227 une a Necochea con Lobería y Balcarce - conexión con ruta 55 y 29 hacia Buenos Aires, la N° 86 con Benito Juarez y la N° 228 con Tres Arroyos y el Sur del País.

Cada una de estas vías se conectan con el interior bonaerense y el resto del territorio nacional.

Necochea is linked to the rest of the country by four routes. Route 88 communicated Miramar with Mar del Plata and route 2 and 11 connect Mar del Plata with Buenos Aires and the North Coast.

Route 227 links Necochea with Loberia and Balcarce, with route 55 and 29 connexion to Buenos Aires, Route 86 with Benito Juarez and 228 with Tres Arroyos and the south of the country.

Each of these routes connect to the interior of Buenos Aires and the rest of the national territory.

Ómnibus / *By bus*

Al ser Necochea uno de los principales destinos turísticos prácticamente todas las empresas de transporte que viajan por la zona la visitan. Las frecuencias de estos viajes varía de acuerdo a la época del año en que quieras visitarla: el verano la continuidad de los viajes es mucho más fluída, siendo en invierno la época más baja en lo que respecta a éstas frecuencias.

Necochea is one of the main tourist destinations, so practically all bus companies go there. The frequencies vary according to the time of the year: in the summer, they are more frequent.

Info / ***Information:***

Terminal de Ómnibus de Necochea.

Necochea Bus Station

Jesuita Cardiel y calle 58. Tel:(02262) 42-2470, Fax: (02262) 436103.

Trenes / *By Train*

El servicio de Tren se reestableció, saliendo de Capital Federal hacia Quequén los viernes y desde Quequén a Capital Federal los días Domingos.

There is a train from the city of Buenos Aires to Quequen every Sunday.

Vía Aérea / *By air*

Lade - Agencia Oficial Melipal
Calle 52 N° 2995 (esq. 61)
Tel:(02262) 52-3400 / 4042

CLIMA / *THE WEATHER*

Necochea posee un clima templado del tipo húmedo, con un promedio de temperaturas durante los meses de verano de 33c la máxima y 14c la mínima. Durante el invierno la temperatura baja muchísmo, teniendo una media aproximada de 10 ° centígrados. Los vientos más frecuentes son del sector Norte y Noroeste creando agradables días en verano. En invierno priman los vientos del cuadrante sur y esto por supuesto influye en la temperatura ambiente. Las lluvias también son más frecuentes en la temporada de invierno que la de verano. Para el surf estos datos son de vital importancia porque van a ser decisivos a la hora de preparar la mochila, de seleccionar el tipo de hospedaje y elegir qué ropa de neoprene a llevar.

Necochea has a mild humid climate, with an average temperature during the summer of 33c maximum and 14c minimum. During the winter, the temperature drops significantly, with an average temperature of 10°. The most frequent winds blow from the north and northwest sector, creating pleasant days in the summer. In the winter predominate the winds from the south quadrant and this of course has an influence on the environmental temperature. Rains are also more frequent during the winter than in the summer. For surfing this data is of vital importance because it will be decisive at the moment of preparing your backpack, of choosing your accommodation and what kind of neoprene suit to take with you.

DESCRIPTION OF THE WAVES

Located at the oceanic margin of the province of Buenos Aires, the city of Necochea is an excellent place to search for waves and good times. It has 64 km of beaches with different spots for surfing. It is important to mention that Necochea is located inside the Austral sandbank barrier, which goes from Punta Rasa to Bahía de Sanborombon. This barrier is the main formation of beaches that, together with different cliff profiles and abrasion platforms (base rock of a more solid conformation and which generally turns a black color, like a large plate) make the means that all surfers wants to known in search of the best waves.
The best breaks are located where the banks are inserted perpendicular to the coast and in this way, generate a wave friction. In Necochea you can find these features in the Escollera, Quequén, the secrets of Las Grutas and La Cueva, which make an endless number of places that vary according to the winds, swell and tide.

DESCRIPCIÓN DE LAS OLAS

Ubicada en la margen oceánica de la provincia de Buenos Aires, la ciudad de Necochea es una excelente plaza para buscar olas y buenos momentos. La misma cuenta con 64km de playas con diferentes lugares para la práctica de surf. Es importante mencionar que Necochea se ubica dentro de la denominada barrera medanosa Austral, que va desde Punta Rasa hasta la Bahía de Sanborombón. Tal barrera es la principal formadora de playas que, en conjunto con los diferentes perfiles de acantilados y plataformas de abrasión (roca base de conformación más sólida y que por lo general toma un color negro, tipo planchón), conforman el medio que todo surfista debe conocer en pos de buscar la mejor ola.
Las mejores rompientes están situadas en donde los bancos se insertan o disponen en forma perpendicular a la costa y generan la refracción de la ola. En Necochea esas características se encuentran en la Escollera, Quequén, los secrets de Las Grutas y La Cueva, conformando un sin número de lugares que varían de acuerdo a los vientos, swells y mareas.

MAREAS

Otro dato a tener en cuenta de nuestras costas es la cuestión de las mareas. Es archiconocido que el mejor momento para surfear cualquier playa es cuando está subiendo, es decir de la marea baja a la alta. Cada point varía de acuerdo a la marea y en el caso de Necochea hay mucha diferencia entre marea alta y marea baja. La esco se surfea con cualquier marea aunque es mejor baja, en Quequén tenés varios fondos que rompen con alta y con baja y El Caño rompe siempre mejor con alta. Siempre hay que acordarse que cuando esta bajo la ola tiende a cerrarse y es más chupada que con marea alta, aunque no es una ley muy exacta, ya que depende de cada lugar.

TIDES

Something you must always check I out shores are the tides. It is well known that the best time to surf is when the tide is getting high. Each point varies depending on the tide. In Necochea there is a big difference from high tide and low tide. You can surf the pier with any tide, although the low tide is better. In Quequen, you have several bottoms that break with high and low tide. You should always remember that that when the tide is low, the wave tends to close and absorbed with high tide. Of course, this is not a law; it depends on the place.

QUÉ HACER CUANDO NO HAY OLAS

Esta ciudad forma junto a su vecina Quequén un importante centro urbano de más de 100 mil habitantes. Entre las dos tienen para el visitante todas las comodidades y opciones de entretenimiento que posee cualquier urbe desarrollada, a la que el progreso ha llegado con sus sonidos, olores, sabores y placeres. Discos, bares, pubs, paseos, comunicaciones, son algunas de las muchas variantes que estas bellas ciudades del sudeste de la provincia de Buenos Aires regalan a quien la visita. Existen algunos paseos clásicos de la ciudad donde su visita se torna casi obligatoria, auque sea por alguno de ellos:

> El faro construido en 1921 por una empresa alemana, testigo de gran parte de la historia de estas 2 ciudades.

> El Parque Miguel Lillo es una de las reservas forestales más grandes de la Costa Atlántica, que se halla ubicado frente al mar y posee una superficie de 480 hectáreas. Está dotado también de un anfiteatro, museos de ciencias e historia, zona de camping, fogones para un buen asadito y demás lugares para jugar un partido de fútbol, trotar, andar en bicicleta o simplemente tirarse a contemplar el cielo, en pleno relax. La entrada al parque es gratuita y se accede desde cualquier punto de la ciudad.

> Lago de los cisnes. Si, el nombre suena un poco aburrido pero el paseo vale la pena sobre todo si te gustan los peces y las aves. El lago cuenta con gran cantidad de especies de la zona y también migratorias. Además es un buen lugar para recorrerlo junto a buena compañía (guiño de quién escribe).

> Dejando la urbe de lado, la naturaleza ha sido generosa con esta zona de la Argentina. El principal atractivo lo generan sus amplias playas, muchas de ellas salpicadas por manchas de piedra y acantilados, las que le brindan una textura diferente a estas extensiones que descansan sobre el mar

argentino. Una buena idea es alquilar unos caballos y recorrer estos lugares de una manera diferente y poco costosa (El costo del alquiler por hora oscila entre los $ 10 y $ 20, de acuerdo a tu talento para regatear y al humor del petisero).

> Si tu presupuesto es un poco más holgado, otro medio de transporte, y otro paseo en sí, son las travesías 4 x 4. Hay gente especializada que te puede llevar, guiar o marcarte caminos y rutas. Toda la zona, sea costa o interior, tiene lugares naturales alucinantes para conocerlos y una riqueza en cuanto a flora y fauna enorme. Dentro de ésta última categoría se destaca la gran cantidad y variedad de especies de aves , que va desde golondrinas hasta pingüinos y albatros. Altos médanos, arroyos, saltos, bosques, un menú interminable para quienes gusten contemplar la naturaleza.

WHAT TO DO WHEN THERE ARE NO WAVES

This city, together with Quequen have a significant urban center of more than 100 000 inhabitants. The two together cover all the needs of comfort and entertainment of a big city. Discos bars, pubs, stores are some of the things that this Southeast city if the province of Buenos Aires can offer. There are some classic places to visit, such as:

> The lighthouse bui lt in 1921 by a German company.

> The Miguel Lillo Park is one of the biggest forest reserves of the Atlantic coast. It is located in front of the sea and has an area of 480 hectares. It also has an amphitheater, science and history museums, camping areas and place to play soccer, or go jogging or just lie back and look at the ski. The entrance to the park is free and you can get there from any point of the city.

> Swan lake. Ok, so the name sound a little boring, but the walk is really worth it, especially if you like fish and birds.

> Let's leave aside the city for a while and concentrate on nature, which has been generous to this part of Argentina. The main attraction are the wide beaches, many of them with rocks and cliffs. A good idea is to rent a horse and get to these places in a different and economic way.

> But if your pocket is thicker, another means of transport are the 4-wheel drive trips. There are specialized people who can drive, guide you or show you the ways and routes. The whole area has amazing natural place to see and a richness as regards flora and fauna that you won't believe. The are many bird species, such as swallows to penguins and albatross. High sandbank, lakes, waterfalls, woods, an endless menu for those who like contemplating nature.

Los Cardos

Ubicación / *Location*

Es un point ubicado en las costas de Quequèn, 400 m antes de llegar a Costa Bonita.

400 meters before Costa Bonita, Quequen.

Características / *Characteristics*

Aunque con poca constancia de olas, si las condiciones están dadas es un buen lugar para disfrutar una buena session con amigos. Un orillazo que rompe sobre fondo de arena con mucha fuerza. Su tamaño no sobrepasa los 2 mts., y se corre con el mar pasado de onda. Ola ideal para bodyboard.

It is not a constant wave, but with good conditions. It is a good point to enjoy with friends. It breaks in a sand bottom, very close to the shore. It breaks up to 2 meters. Great wave for bodys.

La Hélice

Ubicación / *Location*

En la playa de Quequén, delante de unos restos de barcos hundidos.

Quequen beach, right in front of a sunken boat.

Características / *Characteristics*

Izquierda de buena calidad y varias secciones tubulares. También suele bombear una derecha de muy buenas condiciones. La mejor ondulación es la sudoeste y los mejores vientos para surfearla es el oeste o el norte suave. Es una ola codiciada y las mejores mareas son la media y la baja, aunque con esta última aumenta el peligro ante los restos del naufragio y las rocas de la orilla.

Good quality left, various tubular sections. It is a right hander point too, of very good conditions. Best undulation: SW. Best winds: W or N. Best tides: average low, be careful with the low tide, the remains of the boat and the rocks in the shore.

Monte Pasubio

Ubicación / ***Location***

Frente a los balnearios Monte Pasubio y La Virazón, es la primera rompiente de la costa de Quequén. Ubicado a 300 metros de la Escollerita.

In front of the Monte Pasubio and La Virazon beach resorts. The first shore break of the Quequen coast Located .300 meters from the rock pier.

Características / ***Characteristics***

Lugar de buenas izquierdas y derechas, que llegan a quebrar de hasta 2 metros. Las condiciones son buen swell del sudoeste y vientos suaves del oeste o del noroeste. El localismo es alto y la mejor marea es la baja y la media. Requiere un buen nivel de surf.

Good lefts and rights, up to 2 meters. Good SW swell and soft W or NW winds. High localism. Best tide: medium and low. Good surfing level required.

La escollerita

Ubicación / *Location*
Situada paralela a la escollera norte del puerto de Quequén.
Right by the Quequens North Pier.
Características / *Characteristics*
Si bien las olas no son de las mejores de la zona, es la única opción para aprovechar la buena calidad de onda que provocan varios días de viento sur fuerte. La ola es una derecha no muy grande pero que reúne buenas condiciones. Hay que tener cuidado con los restos de los naufragios ubicados en la punta de la escollera.
This is not one of the best waves, but after strong south winds, you can take advantage of their good undulation. This is an average size right, with good conditions. Watch out the sunken boats by the pier.

La virga

Ubicación
1.500 metros mar adentro de la escollera sur del puerto de Quequén.

Características / *Characteristics*
Ola derecha, poderosa y de gran tamaño. Dicen los locales que la han visto romper perfecta de hasta 5 metros. No hay registros de que nadie la haya surfado pero muchos le tienen ganas.
A la dificultad de su fuerza se agrega las corrientes provocadas por el lugar donde rompe, que es en la desembocadura del Río Quequén Grande. Y otro de los escollos a sortear son las piedras que esta ola poderosa ha movido de la punta de dicha escollera.
Creemos que no hace falta recalcar que tenés que tener gran experiencia para embarcarte en semejante aventura. Necesita de buena ondulación proveniente del cuadrante sur y vientos off shore para lograr su perfección. Hoy el puerto está siendo remodelado en cuanto a sus escolleras y esto está haciendo peligrar a esta magnífica ola y su prima cercana La izquierda de la Escollera. No tiene una época definida y se la ha visto rodar en cualquier estación.

Powerful big sized right. Locals tell us that they've seen it breaking up to 5 meters. No one has surfed it yet, but many want to. Besides, to the power of this wave you have to add the strong currents from the Quequen river. This wave is so powerful it has moved the stones of the Necochea's Pier. We believe it is not necessary to tell, that you must be well trained. This wave needs a South undulation and offshore winds to break perfect. It breaks at every season.

La Escollera

Ubicación / *Location*

Sobre el canto derecho de la Escollera de Necochea, más precisamente en la Playa Los Patos.

Located in Los Patos beach, it breaks right to the pier.

Características / *Characteristics*

Sin dudas la mejor izquierda del país, dado que reúne todas las condiciones para ser denominada de esa manera: tamaño, constancia y perfección. Esta ola de muelle rompe desde el metro hasta los 3 metros, ganando con el tamaño perfección y calidad. Deleita a los surfistas con buen recorrido y excelentes secciones de tubo y pared, ideales para realziar maniobras. Requiere buena ondulación (preferentemente del sudeste) y viento este o norte. La mejor marea es la baja. Es una ola codiciada por los locales y concurrida. Corre peligro de desaparecer a causa de las obras de remodelación portuaria. Quiebra todo el año.

The best left of the country. It has all the conditions to be called like that, size, it is a constant wave and perfection. This pier wave breaks from 1 to 3 meters, gaining size and quality. This left has a good ride and barrel and wall sections. Great for maneuvers. Requires good SE undulation and E or N winds. Best tide: Low. Breaks all year round.

El caño

Ubicación / *Location*

Frente al desagüe pluvial de la ciudad, aproximadamente a 400 metros hacia el sur del último balneario.

In front the pluvial drainage of the city, 400 meters south from the last beach bar.

Características / *Characteristics*

Beachbreack que quiebra sobre un banco y brinda excelentes izquierdas y derechas, muy tubulares, de buen tamaño e ideales para realizar buenas maniobras. Si la onda es grande suele pasarse y cierra. Pero con onda mediana y marea alta, muestra todo su potencial. Ola frecuentada por los locales y que convoca surfistas. Rompe todo el año.

Beach break, excellent rights and lefts, very hollow and good sized. If the undulation is too big , the wave starts closing. With an average tide, it shows all its potential. Some locals and surfers from all around. Breaks all year round.

Cueva del Tigre

Ubicación / *Location*

30 kilómetros pasando la ciudad de Necochea. Se puede acceder por la orilla sólo en vehículos 4 x 4. Por adentro se puede llegar con vehículos convencionales por la avenida 10 y hay que llegar hasta el Balneario Los Angeles.

30 kilometers from Necochea. You can only get there with a 4x4. You can also get there driving to Los angeles Beach, taking the 10th avenue.

Características / *Characteristics*

La mejor derecha de la ciudad y una de las mejores del país. Fondo de piedra y arena. Perfecta, de buen recorrido y varias secciones tubulares y maniobreras. Necesita de buena ondulación sur y vientos del norte u oeste (terrales). La mejor marea para correrla es la baja. El acceso cuando tiene tamaño es si o si por la piedras, frente a la ola, por lo que hay que tener mucho cuidado. Ola codiciada por los locales. Rompe todo el año.

The best right of the city and one of the best of the country. Sand and stone bottom. Perfect, good ride and various barreled sections. It needs South undulation and north or west winds. The best tide is low. The access is by gravel road, right in front of the peak. Watch out! High localism. Breaks all year round.

JAH!
ROOTS!
las raíces en tu ropa.
62 casi 57 . (02262) 52.6554 . necochea
www.lionroots.com.ar
www.lionroots.com.ar
info@lionroots.com.ar
LION ROOTS
DSGN → leoboido@hotmail.com ←

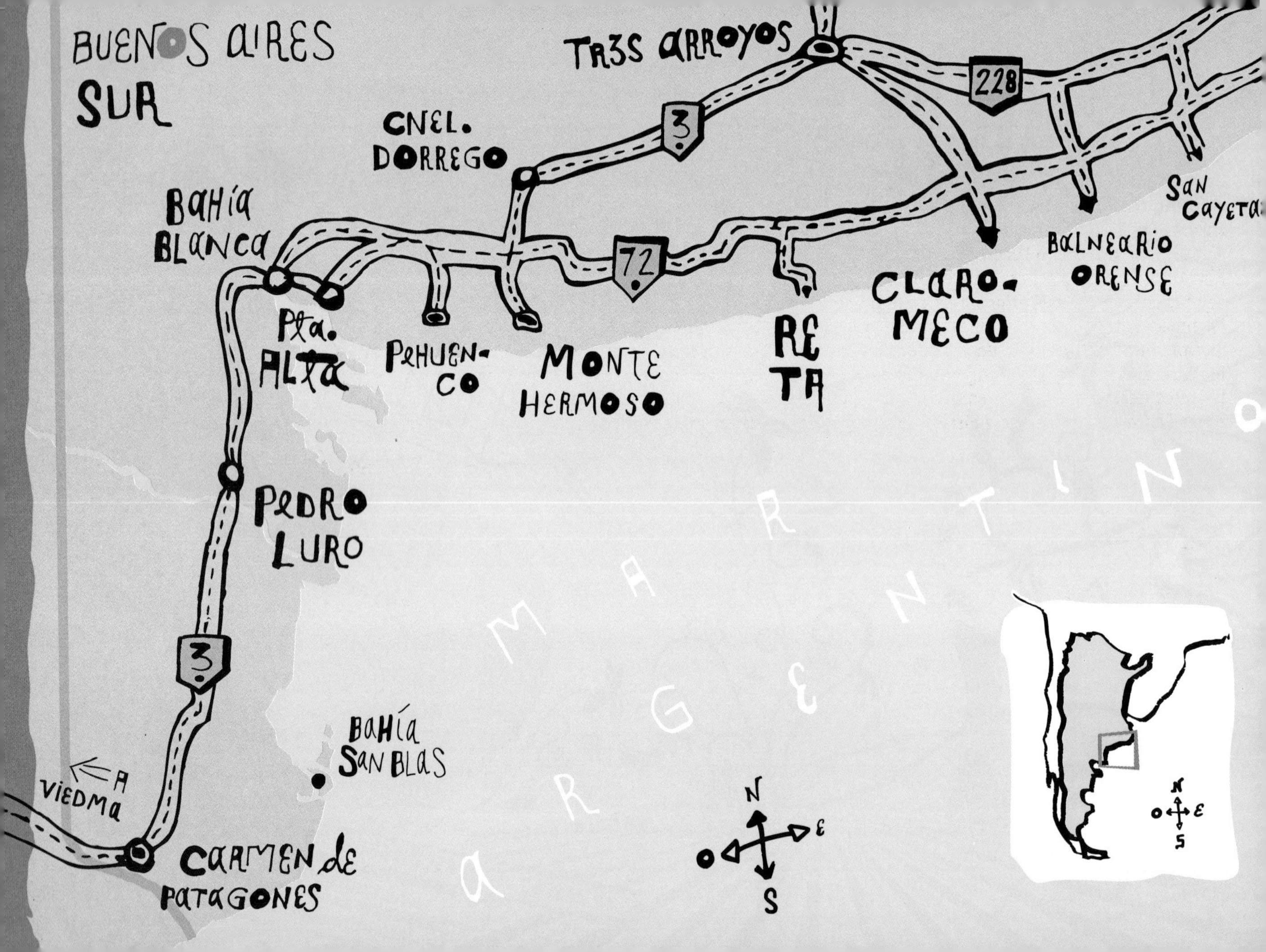

BUENOS AIRES
SUR

TR3S ARROYOS
228
3
CNEL. DORREGO
BAHÍA BLANCA
PTA. ALTA
PEHUEN-CO
MONTE HERMOSO
72
RETA
CLARO-MECO
BALNEARIO ORENSE
SAN CAYETA
PEDRO LURO
MAR ARGENTINO
BAHÍA SAN BLAS
3
A VIEDMA
CARMEN DE PATAGONES
N
E
O
S

BUENOS AIRES SUR: CARACTERISTICAS

Esta zona situada al sur de la provincia de Buenos Aires, está poblada por distintas villas balnearias. Algunas de ellas son visitadas comúnmente por el turismo y otras, por el contrario, conservan todavía la tranquilidad de un poblado de pescadores, sólo habitado por los lugareños y algunos esporádicos visitantes.
De norte a sur, por orden de aparición, encontramos a Orense, Claromecó, Reta, Oriente, Monte Hermoso, Pedro Luro, Igarzabal, Bahía San Blas y Carmen de Patagones.
Playas agrestes y amplias, aguas cálidas y generalmente tranquilas y un clima familiar, son las características principales de estos lugares.
Entre las actividades para hacer están la pesca como una de las principales, dada la enorme riqueza y variedad de especies de esta parte del Atlántico. También se destacan las travesías 4 x 4, por sus mágicos paisajes, las cabalgatas por algunos de los frondosos bosques de Orense, o las caminatas por las playas de Reta, de las más amplias de la zona. Pedro Luro tiene como distintivo ser un lugar ideal para la práctica del wind car o

BUENOS AIRES SOUTH: CHARACTERISTICS

Located south of the province of Buenos Aires, it is populated by different beach villages. Some are always visited by the tourists and on the contrary, conserve the peace and quiet of a fisher's town, only inhabited by the locals and some sporadic visitors.
From North to South, in order of appearance, you can find Orense, Claromecó, Reta, Oriente, Monte Hermoso, Pedro Luro, Igarzabal, Bahía San Blas and Carmen de Patagones.
Wild and wide beaches, warm and calm waters and a family environment, are the main characteristics of these places.
Among the activities that you can enjoy, we can mention fishing as practically the main one, due to the richness and variety of species on this part of the Atlantic. Other activities that stand out are the four-wheel drive trips, where you can enjoy magic landscapes, horse rides through the thick forests of Orense, or the walks by the Reta beaches, one of the widest of the area. Pedro Luro stands out for being an ideal place to practice wind car or landsailing.

FOTOS BUENOS AIRES SUR GENTILEZA
SEBASTIAN LOPEZ SEVERINO

COMO LLEGAR
HOW TO GET THERE

Desde Buenos Aires a **Claromecó** son 565km. por Autopista a Cañuelas, ruta 3 hasta Tres Arroyos y rutas 228 y 73.
A **Orense** 579 Km. y a **Reta** 582 Km.
Bahía San Blas coordenadas GPS:
Latitud 40° 33' Longitud: 62° 13'.
Pedro Luro está ubicada a 130 km. de la ciudad de Bahía Blanca.
A Monte Hermoso desde Bahía Blanca, se puede llegar por dos caminos:
Por la ruta Nro. 3 hasta la bifurcación de Monte Hermoso, que son 26 km.
Por la ruta Nro. 3 hasta el balneario Pehuen-Co y luego continuando por la playa, 20 Km. hacia el este.
*From Buenos Aires to **Claromeco** there are 565 km.*
By the highway to Cañuelas, then route 3 till Tres Arroyos and routes 228 and 73.
*To **Orense**, there are 579 km and to **Reta** 582 km*
Coordinates of Bahía San Blas:
Latitude 40° 33' Longitude: 62° 13'.
***Pedro Luro** is located 130 km from the city of Bahia Blanca.*
You can get from Bahia Blanca to Monte Hermoso in the following two ways:
By route No. 3 till the fork in the road of Monte Hermoso (26 km).
By route No. 3 till the Pehuen-Co beach resort and then continue parallel to the beach, 20 km to the west.

HR

CLIMA

El clima es templado con influencia oceánica. La temperatura media anual es de 15° C, la media máxima es de 21° C y la media mínima de 7° C. Los vientos dominantes son del sector N y NO. Las temperaturas máximas en verano superan los 30° C.

THE WEATHER

The weather is mild with oceanic influence. The average annual temperature is 15° C; the maximum average is 21° C and the minimum average, 7° C. The predominant winds blow from the north and northwest. The maximum temperatures in summer exceed the 30° C.

Orense

Características / *Characteristics*

Zona de corrientes peligrosas. Las olas no se presentan muy buenas. No poseen mucha pared ni orden en la forma de romper. Es una playa de arena cercana a un pueblo. Vas a encontrar locales amistosos y chicas en la playa. Como zona poblada, te brinda todos lo servicios de hotelería, provisión de comidas, camping, agua potable, baños públicos y un servicio básico de mecánica automotríz. El acceso es por un camino de ripio.

Area of dangerous currents. The waves are not too good; they don't have a good wall and break in a messy way. It is a sandy beach near a town. You will find friendly locals and girls in the beach. It offers all accommodation services, food supply, campings, drinkable water, public showers and toilets and a basic automotive mechanic. You can access by grovel road. The best conditions are given with inshore winds and southeast undulation.

Claromecó

Características / *Characteristics*

Las mejores condiciones se dan con el viento norte y la onda del sur. Sin embargo no son olas de muy buena calidad. Son olas gordas y desordenadas. La zona es muy cómoda porque provee de todos los servicios. Hoteles, camping, restaurantes, baños públicos, talleres mecánicos, agua potable son algunos de los beneficios que te da Claromecó. Además es una zona donde abundan las chicas en la playa y entre los habitantes hay muy buena onda.

The best conditions are given with north wind and south undulation. Nevertheless, they are not good quality waves. They are thick waves and disordered. The area is very comfortable because it offers all kind of services: hotels, campings, restaurants, public toilets and showers, automotive mechanics and drinkable water, just to mention a few. Besides, you can find lots of girls on the beach and the locals are really friendly.

Reta

Características / *Characteristics*

Zona de corrientes peligrosas y olas gordas y desparejas. Lo mejor está cuando el viento sopla desde el norte con ondulación del sur.
Es una zona poblada, el acceso es por camino de ripio y posee todos los servicios que te brindan los lugares turísticos. Es una zona apta para utilizar cualquier tipo de tabla.

Area of dangerous currents and thick and disordered waves. It is best when the wind blows from the north with south undulation. It is a populated area and you can access by grovel road. It offers some of the services of tourist places. Area suitable for all kind of boards.

Monte hermoso

Características

En Monte Hermoso las olas no son de gran tamaño. Lo habitual es que midan entre fi y 1 metro. Rompen sin mucha fuerza, excepto los días que crecen hasta llegar a los 2 metros de cara. Ocasiones que son contadas.

Generalmente son picos que abren hacia la izquierda y derecha, y muchas veces tienden a cerrar. Su recorrido puede variar entre los 10 y los 60 metros.

Normalmente la rompiente se sitúa detrás de un canal que acompaña paralelo a la costa, y no se ubica muy lejos de la orilla, quizás entre 80 y 100 metros cuando hay marejada.

El fondo es de arena, aunque hay zonas cerca del espigón oeste que hay arcilla.

La mejor ondulación es la que se genera luego de fuertes vientos del cuadrante sur. Luego de esto si el viento rota al norte, la calidad de las olas está asegurada.

Hay localizados aproximadamente 15 points diferentes: Médano Blanco. Camping Americano, Camping Incamar, Espigón Oeste, Club Náutico, Bay Ven, Avenida Costa, Parador Pelícano, Rambla,

Petonal, La Goleta, Complejo del Sol, Espigón Este, Sauce, Jeffrey´s y las Playas del Este. Cada ola funciona dependiendo de la dirección de la ondulación y el estado de los bancos de arena.
Dos que te podemos recomendar son Jeffrey´s y el sector conocido como Playas del Este.
La primera es una ola derecha que rompe sobre fondo de arena y posee dos secciones: una tubular cerca de la orilla y otra con fuerza y recorrido ubicada pasando el canal.
En las Playas del Este la geografía se abre y las olas adquieren su mayor tamaño y fuerza. Son picos que rompen sobre fondo de arena y ruedan tanto para la izquierda como la derecha, dando buen tubo y recorrido. Y si bien no hay registrados ataques, es una zona de tiburones.

Characteristics

In Monte Hermoso the waves are not very big. They usually reach between fi and 1 m. They don't break with much force, except for days, which can reach up to 2 m front. But, these are rare exceptions.
Generaly, the peaks open to the left and right, and many times, they tend to close. Their ride can go from 10 to 60 m.
Generally, the break is located behind a canal parallel to the coast, and not very far from the shore, perhaps between 80 and 100 m when there is swell.
It has a sandy bottom, although in some areas near the West wavebreak there is clay and rocks.
The best undulation is generated by strong winds from the south. Then, if the wind rotatesto the north, you'll have good quality for sure.
Yhere are approxaimately 15 different points: *Médano Blanco. Camping Americano, Camping Incamar, Espigón Oeste, Club Náutico, Bay Ven, Avenida Costa, Parador Pelícano, Rambla, Petonal, La Goleta, Complejo del Sol, Espigón Este, Sauce, Jeffrey´s and las Playas del Este. Each wave works depending on the direction of the undulation and to the state of the sand banks.*
When can recommend you two: Jeffrey´s and a sector known as Playas del Este.
The first is a right wave that breaks over a bottom of sand and has two sections: a tubular section near the shore and another strong section with ride located after the canal.
The waves get bigger and stronger in Playas del Este. They are peaks that break over a bottom of sand and roll to the right or to the left, and tubes and a good ride. Although there haven't been any registries, it is an area of sharks.

Isla Margarita

Ubicación / *Location*
Igarzabal

Características / *Characteristics*
Zona de fauna poco amistosa. Las olas rompen sobre la orilla dando buenas secciones de tubos. Es una zona poco habitada, de playa de arena y con lugares para acampar. No hay nada donde proveerte, así que llevá provisiones. El mejor viento es el sudeste y la ondulación debe provenir del noreste. El acceso es por barco.
Are of not so friendly fauna. The waves break on the shore giving good tube sections. Not a very populated area with sand beach and places to camp. There are no food stores, so take your provisions. The best wind blows from the southeast and the undulation comes from the northeast. You can access by boat.

Banco Serpiente
Banco del perro
Banco culebra
Isla gaviota
Banco oruga

Ubicación / *Location*
Igarzabal

Características / *Characteristics*
Zona de fauna peligrosa. Olas huecas con buena sección de tubos, que tienen las características de las olas orilleras: corto recorrido, romper a baja profundidad y muy cerca de la orilla. Playa de arena, desértica, sin servicios, sólo te brinda la comodidad de tener un lugar dónde acampar. Las condiciones óptimas se dan con viento del sudeste y la ondulación proviniendo del este. Ola apta para cualquier tipo de tablas. Se accede por mar.
Area of dangerous fauna. The waves are hollow with good tube section and same characteristics of shore waves: short ride, shallow and near the shore. Deserted sand beach, no services, you only have a place to camp. The best conditions are given with southeast wind and undulation from the east. A wave suitable for all kind of boards. You can access by sea.

Banco del centro

  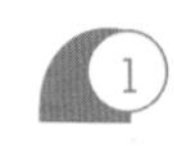 

Ubicación / *Location*
Igarzabal

Características / *Characteristics*
Olas huecas y orilleras. De recorrido corto. Las mejores condiciones se dan con el viento del oeste y la ondulación del sudeste. Zona deshabitada, sin servicios. Sólo lugar para acampar. Apta para surfear con cualquier tipo de tabla y para realizar otras prácticas como el windsurf y el kitesurf. El acceso es por mar.
Hollow and shore waves. Short ride. The best conditions are given with west wind and southeast undulation. Deserted area, no services. You only have a place to camp. Suitable for surfing with all types of boards and to practice windsurf or kitesurf. You can access by sea.

Banco culebra

Ubicación / *Location*
Igarzabal

Características / *Characteristics*
Las olas aquí con huecas y dan una buena sección de tubos. El recorrido es corto dado que revientan muy cerca de la orilla. Sus mejores días los tiene con ondulación del sudeste y viento de tierra: oeste. Zona deshabitada sólo provista de sitios para acampar. Es un lugar de fauna peligrosa y embarcaciones cercanas al point. Muy buena para la práctica del windsurf y del surf. Se accede por mar.
The waves are hollow and give a good tube section. The ride is short since they break near the shore. The best waves have southeast undulation and inshore wind from the west. This is a deserted area and only has camping sites. A place of dangerous fauna and boats near the point. Great place to practice windsurf and surf. You can access by sea.

Banco nordeste

Ubicación / *Location*
Bahía San Blas

Características / *Characteristics*
Zona de corrientes y fauna peligrosa. Hay que ser precavido además, debido a que hay embarcaciones cercanas al point.
Las olas son huecas, con secciones de tubos y rompen a poca profundidad. Las mejores condiciones se dan con viento del oeste y ondulación del sudeste. Como única comodidad hay lugar para acampar, no habiendo otro servicio, proveeduría de alimentos ni agua potable.
Area of dangerous currents and fauna. You should also be careful since there are boats near the point.
The waves are hollow, with tube sections and are very shallow. The best conditions are given with west wind and southeast undulation. You can only find a place to camp; there are no food stores or drinkable water.
Suitable are to surf with short board, longboard, bodyboard, bodysurf, windsurf and kitesurf. You can access by sea.

Punta rubia-rasa

Ubicación / *Location*
Bahía San Blas. Por Paso Seco.

Características / *Characteristics*
Point de corrientes y fauna marina peligrosa. También hay embarcaciones cercanas a la rompiente. Ola hueca de buena sección de tubos y orillera. Las mejores condiciones las encontrás con viento del noroeste y ondulación proveniente del sudeste.
Zona deshabitada, playa de arena, con acceso por camino de tierra o ripio. Lugar sin ningún servicio excepto zonas para acampar. Apta para surfear con tabla corta, longboard, bodyboard, bodysurf, windsurf y kitesurf.
Points of dangerous currents and marine fauna. There are boats near the breakpoint. It is a hollow shore wave with good tube sections. The best conditions are given with northeast wind and southeast undulation.
Deserted area, sand beach, with access by earth or grovel roads. There are no services, except a place to camp. Suitable for surfing with short board, longboard, bodyboard, bodysurf, windsurf and kitesurf.

Faro 2ª barranca

Ubicación / *Location*
Bahía San Blas

Características / *Characteristics*
Es un lugar visitado por embarcaciones y hay corrientes y fauna marina peligrosa.
La ola es hueca y brinda secciones de tubos, aunque el recorrido es corto y rompe en la orilla. Las mejores olas las brinda con viento del noroeste y ondulación del sudeste. Es una zona despoblada, una playa de arena, con acceso por camino de tierra o ripio. No hay servicios. Sólo zona para acampar. Buen lugar para practicar windsurf y kitesurf. Apta para la utilización de todo tipo de tabla.
Place visited by boats and with dangerous currents and marine fauna.
The wave is hollow and has good tube sections, although it has a short ride and breaks near the shore. The best waves are given with northeast wind and southeast undulation. It is a deserted area with a sand beach and you can access by earth or grovel road. There are no services, only a place to camp. It is a good place to practice windsurf and kitesurf. Suitable for all kind of boards.

La baliza

Ubicación / *Location*
Carmen de Patagones

Características / *Characteristics*
Ola gorda y de rompiente despareja, que revienta en la orilla. Sus mejores sesiones las brinda con viento norte o sur y ondulación proveniente del sur.
Zona poblada, playa de arena con chicas y locales amistosos, que no dudarán en ayudarte o guiarte por la zona. El acceso es por camino asfaltado. También se puede llegar por un camino alternativo de tierra o ripio. Los servicios que posee son proveeduría de alimentos y zonas para acampar. Apta para practicar wind y kitesurf y usar todo tipo de tablas.
Thick, shore wave with a disordered break. Its best sessions are given with north or south wind and undulation coming from the south.
A visited sand beach, full of girls and friendly locals, that won't hesitate to help you or guide you around the area. You can access by asphalt road. There is also an alternative earth or grovel road. It has a food store and areas to camp. Suitable for the practice of wind and kitesurf and for all kind of boards.

+INFORMES / *INFORMATION*
T: (02921) 481-123/ 047
www.claromeconet.com
www.balnearioreta.com
www.balneario-orense.com.ar

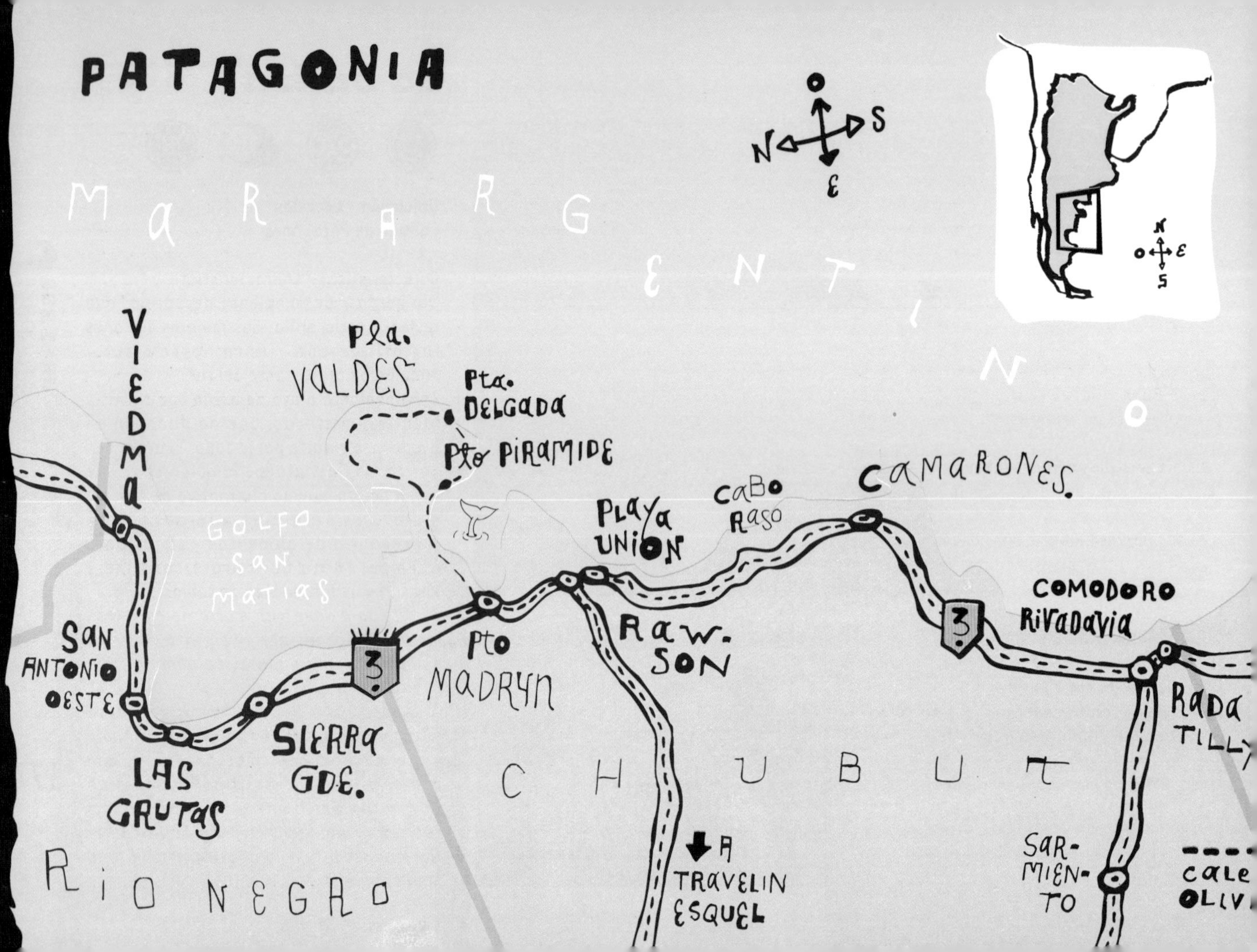

PATAGONIA

O
N
S
E

N
O
E
S

MAR ARGENTINO

Pla.
VALDES

Pta.
DELGADA

Pto PIRAMIDE

VIEDMA

GOLFO
SAN
MATIAS

CAMARONES.

CABO
RASO

PLAYA
UNION

COMODORO
RIVADAVIA

SAN
ANTONIO
OESTE

Pto
MADRYN

RAW.
SON

3

3

RADA
TILLY

SIERRA
GDE.

LAS
GRUTAS

CHUBUT

RIO NEGRO

A
TRAVELIN
ESQUEL

SAR-
MIEN-
TO

CALE
OLIV

INTRODUCCIÓN BÁSICA PARA INICIAR SURF TRIP AL SUR

El sur de nuestro país es una de las últimas fronteras a explorar por los surfistas. Extensas playas, muchas de ellas deshabitadas y olas por descubrir y disfrutar. Es una zona donde lo que prima es la naturaleza, así que es indispensable que tomes conciencia sobre esto. Sobre todo en la importancia de preservar el lugar tal cual estaba antes de tu llegada, que te hagas cargo y recojas todo tipo de residuos que produzcas: lo subís al auto y lo descargás en algún centro urbano. Por supuesto en tachos o cestos. A continuación unas consideraciones básicas, que ojalá te sirvan de ayuda a la hora de planificar un viaje al sur de nuestro país.

Por dónde iniciar el viaje

Desde Buenos Aires se toma la ruta 3 hasta la ciudad de Bahía Blanca. A partir de aquí, preguntando, para abajo.

Con cuántos días mínimo debemos contar para realizar un viaje al sur (desde Buenos Aires).

Depende a que zona deseemos ir. Pero hay que tener mínimo diez (10) días disponibles.

Objetos imprescindibles para llevar.

Móvil propio. Kit de primeros auxilios. Equipos de comunicación externa (celular) ó interna grupal (handies). Mapa de rutas y la zona. Todos los implementos de camping que consideres. No olvides, si vas en época de bajas temperaturas, tener en cuenta el factor frío. Agua potable y/o bidones para transportarla. Y sobre todo ganas de aventura y de surfear!!!.

Costos para moverse por la zona.

Hasta el paralelo 42 (Sierra Grande), el costo de moverse es el mismo que en cualquier zona del país. Pasando Sierra Grande hacia el sur el combustible esté subvencionado por el Estado y sale \$1.20 el litro de super y \$1.35 el litro de gas-oil (si, es más caro que la nafta). Estaciones de GNC sólo Bahía Blanca, Pedro Luro, Viedma, Puerto Madryn y Trelew. Tal vez en Comodoro Rivadavia también haya.

Los comestibles son más costosos en la Patagonia a causa del transporte.

FOTOS PATAGONIA GENTILEZA
LUCAS ROMANELLI

BASIC INTRODUCTION TO BEGIN SURF TRIO TO THE SOUTH

The south of our country is one of the last frontiers to explore by our surfers. Wide beaches, many of them deserted and waves to discover and enjoy. It is an area where nature predominates, so it is important that you become aware of this. Especially about the importance of preserving the place the same way as you found it, to be responsible and pick up all your garbage: you get it into the car and you throw it in come urban area. Of course in garbage bins. Following, some basic considerations that we hope will be of help at the moment of planning your trip to the south of our country.

Where to start the trip

From Buenos Aires, you can take route 3 to the city of Bahia Blanca. From here, asking, downwards.

How many days should we count with to make a trip to the south (from Buenos Aires).

Depending on the area with want to go; but at least ten(10).

Essential objects to take with me.

Own mobility. First aid kit. External communication equipment (cell phone) or group internal communication (handies). Route maps and area maps. All camping elements you believe necessary. Don't forget, if you are going in a period of low temperatures, take into account the cold factor. Drinkable water and/or jerry can to transport it. And above all feeling like adventure and surfing!!!.

¿Cuál es la mejor época para viajar?
De diciembre a fines de marzo.

¿El mar es más constante que por ejemplo en otras zonas del país?
Generalmente los mejores swells vienen del sur, así que en teoría la Patagonia es más constante, dado que los recibe de lleno. Siempre depende de la ubicación de la playa que ese swell le pegue bien ó no.
Es muy importante saber para la formación de olas, y también para la seguridad, que en todo el sur la amplitud de mareas es muchísimo mayor que en cualquier otro lugar del país. Cuando el mar baja, baja mucho y cuando sube, lo hace con la misma intensidad. Es muy importante llevar una tabla de mareas de la zona y estar informado. No es recomendable quedar atrapado con el auto a causa de una marea imprevista. En lo que respecta a las olas, estas pueden aparecer en todo su esplendor o desaparecer por completo a causa de las mareas.

¿Hay centros neurálgicos entendidos estos como lugares clave donde parar y así poder mover a los distintos points?
Si. De norte a sur: Bahía Blanca, Viedma, Patagones, Sierra Grande, Puerto Madryn, Trelew/Rawson, Camarones, Comodoro Rivadavía, Puerto Deseado y Río Gallegos.

Costs of moving around.
Up to parallel 42 (Sierra Grande), the cost is like in any area of the country. After Sierra Grande to the south the fuel is subsidized by the government and the petrol costs $1.20 and $1.35 the liter of diesel (yes, it is more expensive than petrol). There are CNG gas stations only in Bahia Blanca, Pedro Luro, Viedma, Puerto Madryn and Trelew. And perhaps also in Comodoro Rivadavia. The food is more expensive in the Patagonia because of the cost of transportation.

Which is the best period to travel? *From December to the end of March.*

Is the sea more constant that in other areas of the country?
Generally, the best swells com from the south, so in theory the Patagonia is more constant. It always depends on the location of the beach for the swell to be good or not.
For the formation of waves and also for your own safety, it is important that the width of the tide is much greater than in any part of the country. When the tide is low, it gets very low and when it rises, it does when the same intensity. It is very important to take a tide table of the area with you and keep yourself informed. It is not recommended to be trapped with your car because of an unexpected tide. As regards the waves, these can appear in all their mighty or completely disappear because of the tides.

¿Lugares para recomendar (según las zonas) que sería casi un pecado no visitar estando allá?
Bahía San Blas, El Espigón en Viedma, Playas Doradas en Sierra Grande, Playa Unión en Rawson, Cabo Raso entre Rawson y Camarones, Bahía Bustamante entre Camarones y Comodoro Rivadavia, Rada Tilly en Comodoro Rivadavia, Cabo Blanco entre Caleta Olivia y Puerto Deseado...Y mil lugares más...Todos son absolutamente recomendables si te gusta la Patagonia y la aventura!!!

¿Lugares para recomendar para comer o beber?
Muchos y muy variados, sobre todo si te gusta comer pescados y frutos de mar. Un lugar a modo de ejemplo: no se pierdan la cantina Marcellino en la banquina del Puerto Rawson en Playa Unión.

¿Qué otras actividades se pueden realizar?
Buceo, kitesurf, windsurf, trekking, travesías en 4x4 y cuatriciclos, a caballo, pesca. Entre muchas otras cosas.

¿Peligro de robos?
En las ciudades hay que ser precavidos. En el resto de los lugares la gente duerme con la puerta sin llave. O directamente sin puerta!!!.

Are there key places where to stay and from there move to different?
Yes. From north to south: Bahía Blanca, Viedma, Patagones, Sierra Grande, Puerto Madryn, Trelew/Rawson, Camarones, Comodoro Rivadavía, Puerto Deseado and Río Gallegos.

Recommended places (according to areas) that we shouldn't miss?
Bahía San Blas, El Espigón en Viedma, Playas Doradas in Sierra Grande, Playa Unión in Rawson, Cabo Raso between Rawson and Camarones, Bahía Bustamante between Camarones and Comodoro Rivadavia, Rada Tilly in Comodoro Rivadavia, Cabo Blanco between Caleta Olivia and Puerto Deseado... All absolutely recommended if you like the and adventure!!!

Recommended places to eat or drink?
Many and very varied, especially if you like to eat fish and seafood. Just one place as an example: don't miss Marcellino's on the verge of Puerto Rawson in playa Unión.

What other activities can I do?
Diving, kitesurf, windsurf, trekking, four-wheel trips and four-wheel motor cycles, horse riding or fishing. Among many other things.

Dangers of robberies?
In the cities you should be cautious. In all other places people sleep with doors unlocked. Or directly with no doors!!.

Otras sugerencias / *Other suggestions.*
Respecto de los implementos a llevar..estos varían de acuerdo a cada lugar. Fundamental antes de salir informarse del kilometraje de ida vuelta al punto de partida, sobre todo a causa del abastecimiento de combustible , agua potable y posibles emergencias de todo tipo. Hay que salir preparados, nunca está de más un bidón extra de agua, cuidar nuestra salud y seguridad. Respetar las zonas prohibidas para acampar e iniciar fuegos. Respetemos la naturaleza que si se pierde es irrecuperable.
According to the elements to take, these vary according to each place. It is very important to be informed about the kilometers that you will travel, especially for the provision of fuel, water and possible emergencies. You should leave prepared, an extra barrel of water is always a good idea, to take care of our health and safety. Respect prohibited areas to camp and make fire. Let us respect our nature. If we lose it, we will never recover it.

BREVE INTRODUCCIÓN A RÍO NEGRO

Es la primer provincia que integra la Patagonia argentina. Se extiende a lo ancho de todo el territorio nacional. Limita al norte con la provincia de La Pampa, frontera más que imaginaria ya que está dada por el caudaloso río Colorado, que la recorre en toda su anchura. Esta fuente permanente de agua y energía es, junto al Limay y el Negro, el río más importante de la provincia, preponderancia que lo destaca también dentro del país.

Pero estábamos en el relieve. Al igual que sus vecinas provincias patagónicas, Río Negro presenta una geografía más que variada.

Al oeste, los Andes, imponentes, con picos que superan en la provincia los 3000 metros de altura, como el Tronador y el Catedral de 2388 metros. Este último, situado en la localidad de Bariloche, se constituye durante las grandes nevadas del invierno, en uno de los centros de esquí más importantes y concurridos del país. Aquí las lluvias son abundantes (2000 mm anuales) lo que genera verdes bosques húmedos, asentados sobre las laderas montañosas y dándole al paisaje un matiz único . Estas lluvias son también las que dotan a la zona de importantes lagos como el Nahuel Huapi (438 metros de profundidad) y más de 500 km cuadrados de extensión, el Gutierrez o el Mascardi, por nombrar sólo a algunos.

En el centro de la provincia se acentúa, paulatinamente, el paisaje dominante en la provincia y también en la región: la meseta patagónica. Árida, agreste, va descendiendo en altitud hasta llegar a la costa, donde deja plasmados esos altos acantilados. Aquí sus extensas playas, alternadas con pequeñas calas, todas bañadas por el cristalino océano Atlántico, se constituyen también en un fuerte atractivo turístico. Actividad muy importante en toda la provincia.

BRIEF INTRODUCTION TO RIO NEGRO

First province of the Argentine Patagonia. It extends across the national territory. To the north limits with the Province of La Pampa, imaginary frontier given by the mighty Colorado river. This permanent source of water and energy is together with the Limay and Negro rivers, the three most important rivers of the province, preponderance within the country also.

And talking about its relief, same as other Patagonia neighboring countries, Rio Negro has a most diversified geography. To the west, the imposing Andes, with peaks that exceed a height of 3000 meters, such as the Tronador and the Cathedral of 2388 meters. This last one, located in the city of Bariloche, becomes during the winter snows, one of the most important and most visited ski centers of the country. Here, the rains are abundant (2000 mm per annum) which generate green humid forests, lying on the mountainside and giving the landscape a unique nuance. These rains also provide the area of important lakes, such as the Nahuel Huapi (438 m deep) and more than 500 km2 long, the Gutierrez or the Mascardi, just to mention a few.

In the center of the province, you will find the predominant landscape of the province and of the region: the Patagonia plateau. Arid and wild, decreases in height until it gets to the coast, where you will find high cliffs, Here in its vast beaches, alternated with small coves, all bathed by the crystal ocean, become a tourist attraction. Very important activity in the province.

VIEDMA: HISTORIA

Capital de la provincia de Río Negro. Ubicada sobre la margen sur del Río Negro, a 30 km de la desembocadura en el mar. Se accede por Ruta Nacional Nº 3 y está a 960 km. de Buenos Aires.
Si bien es una ciudad administrativa, alguna vez el ex presidente Alfonsín propuso trasladar la capital del país aquí, Viedma también tiene muchos atractivos que conocer. Sus playas, uno de ellos.Esta ciudad posee un legado histórico de los más interesantes de la Patagonia Argentina. Su destino compartido con la vecina de enfrente - Carmen de Patagones, que comenzó en 1779 con la fundación del Fuerte y Población Nuestra Señora del Carmen.
Con la Conquista del Desierto, Viedma se transforma en la Capital del Nuevo Territorio de la Patagonia, el 11 de Octubre de 1878. Por entonces, la población recibe el nombre de Mercedes de Patagones, hasta que el Gobernador Álvaro Barros le impuso el nombre de Viedma, el 4 de Julio de 1879.
En la actualidad Viedma y Carmen de Patagones conforman la Comarca Turística de Viedma-Patagones y hoy se encuentran unidas por dos puentes: uno sólo carretero y el otro ferrocarretero, instalado este último en 1931.

VIEDMA: HISTORY

Capital of the province of Rio Negro. Located on the South margin of Río Negro, 30 km away from the mouth of the sea. Although it is an administrative city, (ex president Alfonsín once tried to move the capital city here), Viedma also has many attractions, one of the, its beaches. This city has one of the most interesting legacies of the Argentine Patagonia. Its destiny shared with its neighbor Carmen de Patagones and started with the foundation of the Fort and Settlement of Nuestra Señora del Carmen.
With the Conquest of the Desert, on October 11, 1878 Viedma became the Capital of the New Patagonia Territory. Then, the settlement received the name of Mercedes de Patagones, until Governor Alvaro Barros name it Viedma, on July 4, 1879.
Nowadays, Viedma and Carmen de Patagones make the Viedma-Patagones tourist region and today they are joined by two bridges: a road and a railway bridge. The latter built in 1931.

CÓMO LLEGAR
HOW TO GET THERE

Viedma está ubicada sobre la margen sur del Río Negro, a 30 km de la desembocadura en el mar. Se accede por Ruta Nacional N° 3 y está a 960 km. de Buenos Aires.

Viedma, capital city of the province, is located at the south margin of Rio Negro, 30 km away from the mouth of the sea. You can get there by Route 3 and it is 960 km. away from Buenos Aires.

VIEDMA: PARA CONOCER

Los cascos céntricos de Viedma y Patagones se comunican con lanchas de pasajeros que cruzan el río, uno de los pocos servicios de este tipo que quedan en el país.
En la ciudad propiamente dicha encontramos varios lugares para conocer su historia: el Museo Gobernador Eugenio Tello, el Archivo Histórico Provincial y el Museo del Agua, del Suelo y del Riego, único en el país, exposición didáctica de la evolución histórica. Entre muchos lugares.
El río se puede recorrer en lanchas pequeñas,que se pueden alquilar.
En el Valle Inferior hay numerosas chacras que elaboran artesanías y productos regionales caseros y también son una posibilidad para conocer y adquirir directamente en el lugar de fabricación los alfajores, dulces, conservas, chacinados, jugos, licores, etc.

El Cóndor

El Balneario El Cóndor se encuentra ubicado exactamente en la desembocadura del río Negro a 30 km. de Viedma y cuenta con una completa villa marítima que ofrece todos los servicios que le puedas pedir: hoteles, restaurantes, discos, entre muchas otras comodidades y diversiones.
Mirador de Ceferino, hay un monumento y una capillita, ubicada al comienzo de los Acantilados, además es un excelente mirador para observar la Villa en su totalidad y la desembocadura del Río Negro.
El Pescadero, ubicado a 3 km de la Villa, en dirección a la desembocadura, es un área apta para la pesca embarcada y de costa, pudiéndose obtener especies como

VIEDMA: PLACES TO VISIT

The central areas of Viedma and Patagones are connected by passenger motorboats that cross the river, one of the few services of the kind still operating in the country.
In the city itself you can find several places to visit and learn their history. The Gobernador Eugenio Tello museum, the Provincial Historical Registry, and the Museum of Water, Soil and Irrigation, one of the kind in the country, among other places. You can also rent small motorboats and go through the whole river. In the inferior valley there are several farms that make handcrafts and home-made regional products and you also get the possibility to get to know and buy autochthonous cakes, jams, cold meats, juices, liquors, etc.

El Cóndor

The El Condor beach resort is located exactly at the mouth of the Rio (River) Negro, 30 km away from Viedma and has a complete maritime village that offer all the services you can ask for: hotels, restaurants, discos, just to mention a few.
Mirador de Ceferino, There is a monument and a chapel located at the feet of the cliffs. Besides, it is an excellent

corvina, pescadilla, pejerrey y lenguado, con 300m de costa iluminada, para pesca nocturna.
El Faro, que se inauguró en 1887 y fue el primer Faro de la Patagonia, señala el comienzo del Acantilado que caracteriza a la costa patagónica.

Ruta de los Acantilados

Desde El Cóndor nace el Camino de la Costa que lo une con el puerto de San Antonio Este y a través del cual se suceden una serie de playas vírgenes y reservas naturales de un valor ecológico espectacular. Entre esas las más importantes son Playa Bonita, Palya del Espigón, La Lobería, Bahía Rosas (ideal para la pesca del tiburón), Bajada Echandi (pesca variada), Bahía Creek (playa y pesca), Caleta de los Loros y Punta Mejillón (reserva natural con posibilidad de disfrutar de las playas y la pesca).

Reserva natural protegida "Punta Bermeja"

Es una reserva natural protegida que alberga una colonia de lobos marinos de un pelo, la más importante de la Patagonia, y en primavera se puede observar la presencia de orcas y ballenas. Este lugar, ubicado a 60 km. de Viedma y al cual se llega por el Camino de la Costa, posee un centro de interpretación y pasarelas para observar desde lo alto a los lobos marinos. El balneario posee baños públicos, una confitería restaurant, camping y proveeduría.

Pesca

La pesca es una actividad muy practicada en la zona. Si te gusta este deporte, vas a encontrar una infinidad de especies, que si sos hombre/ mujer de caña y anzuelos, te van a hacer agua la boca.

Regata Río Negro

Es la regata más larga del mundo y tiene un recorrido aproximado de 500 km. (desde Neuquen a Viedma). Con una duración de ocho días, donde participan deportistas de varias nacionalidades del mundo entero, se desarrolla durante el mes de enero.

viewpoint to sight the whole village and the mouth of the Rio Negro. El Pescadero (the fishmonger), located 3 km from the Village, in direction to the mouth of the river. This is an area for embarked fishing and coast fishing, where you can fish, such as corbinas, atherines and soles, with a 300m-illuminated coast where you can fish at night. El Faro (the lighthouse), it was inaugurated in 1887 and was the first Lighthouse of the Patagonia. It points out the beginning of the cliff, characteristics of the Patagonia coast.

Ruta de los Acantilados (Cliff roads):

The "road of the Coast" begins at El Condor and connects to the San Antonio Este port, and through which go can go along a number of virgin beaches and natural reserves of great ecologic value. Among these, the most important is the Playa Bonita, Playa del Espigón, La Lobería, Bahía Rosas (ideal for the fishing of sharks), Bajada Echandi (varied fishing), Bahía Creek (beach and fishing)), Caleta de los Loros y Punta Mejillón (natural reserve where you can also enjoy the beach and fishing).

"Punta Bermeja" Protected Natural Reserve.

It is a protected natural reserve that shelters the most important colony of sea lions of the Patagonia. During spring, you can sight the presence of Orcas and whales. Located 60 km from Viedma, you can access by the Camino de la Costa (Coast road). This beach resort has public sanitary services, a restaurant, camping and supply store.

Fishing

The fishing is a highly practiced activity in the area. If you like this sport, and get along with the hook and rod, you will find infinity of species, which will make your mouth drewl.

Río Negro Regatta

It is the longest of the world and an approximate run of 500km. (from Neuquen to Viedma). It takes place during the month of January and lasts about eight days, where sportsmen from different nationalities participate.

X-FIN Co.
www.xfincompany.com.ar
X-FIN Co. > COMPAÑIA DE INSERTOS Y QUILLAS para tablas de surf
Juan picolo...
X-fin Co. Rider
POWER DRIVE SERIES 06
X-FIN F3
X-FIN F3
X-FIN F3
X-FIN F3

El cóndor

Características / *Characteristics*

Tené precaución con el fondo de rocas cuando hay marea baja y a las corrientes peligrosas. Las mejores condiciones a esta ola las encontrás con el viento tanto norte como sur y la ondulación debe provenir del sur. Es una zona de playa de arena, poblada, donde vas a encontrar chicas y locales amistosos. Ola ideal para utilizar cualquier tipo de tabla. Son picos cortos que abren para los dos lados.
Olas ideales para ser surfeadas tanto con tabla corta, con longboard o a pecho. Es un sector donde vas a encontrar surfistas en el agua. El acceso es por camino asfaltado.

Be careful with the bottom of rocks when there is low tide and with dangerous currents. The best conditions for this wave are brought with South and North wind and the curl must come from the South. This is an area of sandy beach, populated and you will find friendly girls and local people. Ideal wave for all kind of boards. The peaks are short and open to both sides. These waves are ideal for shortboards, longboard or chest surf. In this place you will find surfers in the water. The access is by asphalt road.

El espigón

Características / *Characteristics*

Point con fondo de piedras a tener en cuenta cuando hay poca agua. Es un pico corto, tiene varias rompientes que tiran olas derechas e izquierdas de poco recorrido. Zona de surfistas en el agua. Al ser una playa, cercana a un pueblo y al tener acceso por camino asfaltado es un lugar concurrido, también, por chicas y locales amistosos. Las condiciones mejores para hallar olas son tanto con viento sur como norte y la ondulación debe provenir del sur. Y también son olas potables para ser surfeadas con todo tipo de tablas.

Point with rocky bottom, to take into consideration when shallow. The peak is short and has several breaks that throw the left and right waves of little ride. Since, it is a beach near to a town and has access by asphalt road, it is very visited by friendly girls and local people. The best conditions to find waves are with South and North wind and South curl. These waves are fit for all kind of boards.

Playa Bonita

Características / *Characteristics*

Esta playa no se caracteriza por tener buenas olas. Son picos de izquierda o derecha, cortos, que revientan en la orilla. Sí es un lugar para disfrutar de la playa y sus regalos: chicas y chicos, debido a que es una playa concurrida. El acceso es asfaltado y es surfeable con cualquier tipo de tabla.

This beach is not characterized for having good waves. The peaks are left or right, short and break in the shore. The access is by asphalt road and san be surfed with all kind of boards

La lobería

Características / *Characteristics*

Este point mantiene las mismas características que el anterior, brindando olas regulares. Olas cortas, tanto izquierdas como derechas, que rompen en la orilla. Es un point desértico con acceso por camino de tierra o ripio. No hay servicios. Y las mejores condiciones las encontrás con viento norte o sur y la dirección de la ondulación debe ser sur. Apta para cualquier tipo de tabla.

This point has the same characteristics as the previous one, with regular waves. Short waves, both left and right that break in the shore. It is a deserted point with access by earth or gavel roads. There are no services. You can find the best conditions with North or South wind and the curl comes from the South. Fit for all kind of waves.

Bahía Rosas

Características / *Characteristics*

De acuerdo a las condiciones vas a encontrar izquierdas y derechas que pueden ser gordas o huecas, de un recorrido corto, y que rompen cerca de la orilla. Es un point desértico, cuyo acceso es por camino de tierra. No tenés ningún servicio, ni proveeduría de agua o comida. Las condiciones ideales las encontrás tanto con viento sur o norte y la dirección de la onda debe ser del sur. Es ideal para ser surfeada con todo tipo de tabla.

Depending on the conditions you will find left or right that may be thick or hollow, with a short ride and break near the shore. It is a deserted point and the access is by earth road. There are no services, and no food or water supply. The ideal conditions are given both with South or North winds and the curl must come from the South. Ideal to be surfed will all kind of boards.

Echandi

Características / *Characteristics*

Es una ola que puede ser o gorda o hueca, de corto recorrido y orillera. El lugar es desértico y se accede por un camino de tierra o ripio. No tenés servicios. Las mejores condiciones las encontrás con viento norte o sur y la onda debe ser de dirección sur.

A wave that can be thick or hollow, with short ride and break on the shore. It is a deserted area, which you can access by earth or gravel roads. There are no services. The best conditions are given with North or South winds and the curl must come from the South.

SAN ANTONIO OESTE: HISTORIA

Es una ciudad de antiguas casas ferroviarias, de inmensos galpones de acopio y de tradición portuaria, reposa sobre el sector más calmo de la costa sanantoniense. Permite ser recorrida sobre pasos de inmigrantes y descubrir también un mar esquivo que a lo largo del día colma las playas de La Marea.

Los primeros asentamientos de población tuvieron lugar a fines del siglo pasado en el lugar denominado Saco Viejo, zona en la que actualmente se encuentra el puerto de San Antonio Este. La falta de agua potable indujo a los pioneros a trasladarse a la caleta situada al oeste, dando nacimiento el 10 de julio de 1905 a esta localidad.

SAN ANTONIO WEST: HISTORY

A city of old railway houses, of stock warehouses and port tradition, lies one the calmest part of the San Antonian coast. As you visit it, you can trace the steps of the immigrants that inhabited the area many years ago and discover a shy sea that during the day fill the beaches of La Marea.

The first population settlements took place at the end of last century in a place called Saco Viejo, presently the San Antonio East Port. The lack of potable water forced the pioneers to move west to a small bay, giving birth to this city on July 10, 1905.

CÓMO LLEGAR
HOW TO GET THERE

San Antonio Oeste, al igual que Las Grutas, está ubicado sobre la Ruta Nacional 3 a la altura del km 134.

San Antonio Oeste, as well as Las Grutas, is located by the National Route 3 on the 134 km.

Las Grutas / *The caves*

Este balneario es el segundo en afluencia de turismo de la provincia. Sus extensas playas de fina arena dorada, con suaves declives, resguardadas por acantilados y amplias fajas de dunas, resultan un imán irresistible.

Las aguas del Atlántico que bañan las Costas del Golfo San Matías, tibias, transparentes y muy ricas en vida submarina, son ideales para los deportes de mar, el descanso, las caminatas, la pesca y el buceo. Acá vas a encontrar todas las comodidades que necesites para disfrutar de unos buenos días en estrecho contacto con la naturaleza.

This beach resort is the second most visited by tourist of the province. Its extensive beaches of fine golden sand, with a gentle slope, protected by cliffs and wide dune cords, result to be an irresistible magnet.

The Atlantic water that bathe the coasts of the San Matías gulf, warm, crystal clear and very rich in submarine life, are ideal for aquatic sports, diving, fishing, walking or just to rest. Here you will find all the facilities you need to enjoy some days in close contact with nature.

SAN ANTONIO OESTE PARA CONOCER / *TO VISIT*

La Mar Grande
Playa extensa y agreste. Junto con el arco de playas que une Punta Delgado con Las Grutas, constituye uno de los sitios principales de concentración de chorlos y playeros en su ruta migratoria anual.
Wide and wild beach. Together with the arch of beaches that join Punta Delgado with Las Grutas, it is one of the places with greater concentration of plovers and red knots in their yearly migration route.

Punta Verde y El Arbolito de Salas
Zonas de desembarque de los pescadores artesanales. Playas agrestes de la ría de San Antonio.
Area of disembarking of fishermen. Wild beaches of the estuary of San Antonio.

Piedras Coloradas
A 5 km al Sur de Las Grutas, es un afloramiento granítico, y cuenta con un amplio sector de playa, ideal para quienes prefieren espacios libres con pocos bañistas. Se accede a pie por la playa o en vehículos por camino enripiado.
5 km south of Las Grutas. It is a granite outcrop, and has a large beach, ideal for those who prefer open areas with few bathers. You can go walking by the beach or in vehicle by grovel road.

Costanera de San Antonio
Balneario con infraestructura básica y servicio de guardavidas. Aguas tranquilas ideales para la práctica de deportes náuticos (windsurf, canotaje, esquí acuático, kitesurf, buceo en apnea, etc).
Beach resort with simple infrastructure and safeguard service. Easy waters, ideal for water sports (windsurf, canoeing, water ski, kitesurf, apnea diving, etc).

Circuito histórico / *Historical Circuit*
Paseo por el casco histórico, museo histórico cultural.
Visit through the historical area; cultural historical museum.

El Buque
A 8 km de la ciudad, al Sur de las Grutas. Formación rocosa que aflora durante la bajamar, sus grutas albergan mejillones y pulpitos.
8 km from the city, south of Las Grutas. Rock formation that crops out during low tide, its caves shelter mussels and little octopus.

El Sótano-Cañadón de las Ostras
A 12 km de Las Grutas. Pesca desde la costa y acercamiento a la naturaleza. Yacimiento de fósiles marinos.
From 12 km from Las Grutas. You can fish from the coast and get closer to nature. There are sites of marine fossils.

TEMPERATURA DEL MAR

La amplitud de las mareas, el sistema de circulación de las corrientes costeras, las altas temperaturas del verano y la escasez de precipitaciones pluviales, son los factores que caracterizan esta zona. El agua del mar tiene en Las Grutas entre 24° y 25° C, lo que se debe a dos factores, uno oceanográfico y uno atmosférico: el poco movimiento de las corrientes marinas y el calor del sol sobre la arena durante la bajamar.

SEA TEMPERATURE

This area is characterized by the vastness of the tides, the circulation system of the coast currents, and the high temperatures during the summer and the lack of rains.
The sea water temperature in Las Grutas reach between 24° and 25° C, which depend on two factors, one oceanographic and another atmospheric: the little movement of the marine currents and the heat of the sun on the sand during the low tide.

Bahía Creek

Características / *Characteristics*

Es una ola que puede ser o gorda o hueca, de corto recorrido y orillera. El lugar es desértico y se accede por un camino de tierra o ripio. No tenés servicios. Las mejores condiciones las encontrás con viento norte o sur y la onda debe ser de dirección sur.

A wave that can be thick or hollow, with short ride and break on the shore. It is a deserted area, which you can access by earth or gravel roads. There are no services. The best conditions are given with North or South winds and the curl must come from the South.

PETER STERLING

SIERRA GRANDE: UBICACIÓN GEOGRÁFICA

Situada al sudeste de la provincia de Río Negro, sobre la Ruta Nacional N°3 y a 1258 km de Bs. As, es el centro de una amplia zona turística de excelencia en pleno desarrollo.
Abarca desde la Meseta de Somuncurá, Las Minas de Hierro, las sierras que rodean el lugar y playas a sólo 28 km. Enclavada entre las sierras, la ciudad cuenta con la diversidad del paisaje y el buen estado del medio natural que hacen posible su aprovechamiento para distintas actividades recreativas.

GEOGRAPHIC LOCATION

Located Southeast to the province of Rio Negro, on Route No. 3 and 1258 km from Buenos Aires, in the center of an excellent vast tourist area, in constant growth.
Includes the Somuncura Plateau, the Hierro Mines, the mountains that surround the area and beaches only 28 km away. The city, immersed in the middle of the mountains, enjoys a diversity of landscapes and natural environment makes it suitable for different recreational activities.

CÓMO LLEGAR
HOW TO GET THERE

Se accede por la Ruta Nacional N°3, totalmente pavimentada.
You can get there by Route 3, which is completely paved.

CLIMA

Con respecto al clima, la zona se caracteriza por la sequedad del aire, la escasa nubosidad del cielo y por la influencia que ejercen las brisas marinas.
La temperatura media de verano es de 20°C y la de invierno de 7°C. El verano es seco, con temperaturas cálidas moderadas, registrándose una temperatura máxima absoluta en el mes de enero de 39°C.
Las precipitaciones son reducidas, por ejemplo en los meses de diciembre y enero llueve dos días aproximadamente en cada mes. Generalmente las lluvias son de carácter torrencial, alcanzando sólo 211 mm anuales.
El otoño es seco templado a subtemplado con pocas precipitaciones en forma de lloviznas.
El invierno se carateriza por ser frío, también seco, con heladas y temperaturas de 10 y 15°C bajo cero.
La primavera es seca, templada y con temperaturas agradables.

THE WEATHER

Concerning the weather, the area is characterized by the dryness of the air, practically no clouds and the influence of the marine breeze.
In the summer, the average temperature is 20°C and in winter, 7°C. The summer is dry, with moderate mild temperatures, with an absolute maximum temperature of 39°C in January. The rains are few, for instance in December and January it rains approximately two days per month. Generally they are torrential rains, reaching only 211 mm per annum.
The winter is dry mild to cool, with few rains, like drizzle.
The winter is cold, also dry, with frosts and temperatures of 10 and 15°C below zero.
Springtime is dry, mild and with pleasant temperatures.

SIERRA GRANDE: PARA CONOCER / *TO VISIT*

Sierra Grande posee sitios de interés para visitar, como por ejemplo:
Sierra Grande has several interesting places to visit, such as:

Playas Doradas / *Golden beaches*
Es la principal de toda una serie de playas extensas de arenas doradas y finas que se suceden hacia el sur, a sólo 28 km de Sierra Grande hacia el este por la Ruta Provincial 5. Posee una variada propuesta de alojamiento en hostería, departamentos, casas de alquiler y un camping.
En estas playas se puede descansar, tomar sol , practicar deportes náuticos y pescar desde la costa o embarcado. También es un buen lugar para practicar buceo en su parque submarino.
Para tener una referencia la temperatura del agua es un poco más fría que en Las Grutas.
It is the main of a number of wide beaches of golden and fine sand that succeed towards the south, only 28 km east from Sierra Grande by provincial Route 5. It offers a diversified variety of hostels, apartments, house for rent and a camping.
On these beaches you can rest, get a suntan and practice water sports or do some fishing. It is also a good place to practice diving in its submarine park.
As a reference, the temperature of the water is a little more cold than in Las Grutas.

Playas Doradas, Isla de los Pájaros-Islote Lobos / *Golden Beaches, Birds Island - Wolf Island*
Son dos islas vecinas situadas a pocos km. de Playas Doradas. Sólo se puede acceder hasta la costa y observar con prismáticos o desde un gomón o lancha y acompañados por personal idóneo, dado que es una zona que se caracteriza por la gran cantidad de aves y vida salvaje.
The are two neighboring islands located only a few km from Playas Doradas. You can only get to the coast and observe it with prismatic or from a rubber boat or a motorboat accompanied with an expert person, since it is an area characterized for the large number of birds and wild life.

Meseta de Somuncura / *Sumuncura Plateau*
Se realizan excursiones de un día completo o dos días con alojamiento en carpas o parajes. Te alejás un poco del mar y vas a practicar turismo de aventura y ecoturismo (cabalgatas, trekking, safaris, etc.). Esta meseta hace miles de años fue una isla cuando el mar cubría lo que es hoy la Patagonia, y es por eso que se encuentran restos fósiles de fauna marina, bosques de palmeras petrificadas, etc. Además por sus características geográficas y climáticas cuenta con especies de flora y fauna endémicas, tales como la mojarra desnuda, el pilquín, etc.
Es una zona increíble para sacar fotos. Se pueden apreciar formaciones rocosas con características únicas, especies de fauna autóctona, escenarios lunares, pinturas rupestres, manantiales y otros sitios de enorme belleza.
There are some full-day or two-day excursions sleeping in tents or hostels. If you get away from the sea and go to practice adventure tourism and ecotourism (horse riding, trekking, safaris, etc.). Thousands of years ago, this plateau was an island when the sea covered what today is the Patagonia, and this is why fossils of a marine fauna were found, forests of petrified palm trees, etc. Besides, because of its geographical characteristics it has species of endemic flora and fauna, as the "mojarra desnuda", the pilquin, etc.
Incredible place to take pictures. You can see the rock formations with unique characteristics, species of autochthonous fauna, lunar landscapes, cave painting, water springs and other places of incredible beauty.

Minas de Hierro / *Iron Mines*
Si bien las visitas a la mina están suspendidas por el momento, se practica el turismo minero, modalidad que está impulsando verdaderamente esta actividad en Sierra Grande. Es el recurso turístico más importante con que cuenta el pueblo, la visita a estas minas se puede realizar durante todo el año, todos los días.

Provistos del equipo apropiado se desciende hasta unos 70 mts. de profundidad donde se recorren 2.800 mts. por sitios oscuros fuera de toda imaginación, siendo la lámpara minera el único elemento que guía al grupo. Se realizan juegos de orientación, comentarios sobre la leyenda de la mina, maneras de caminar en el agua y en el barro.
Durante todo el recorrido se pueden apreciar las distintas técnicas de sostenimiento utilizadas en la minería. La excursión minera se denomina "Viaje al Centro de la Tierra", donde se desciende hasta 100 mts. bajo tierra.
Although the visits to the mines have been suspended for the time being, there is a mine tourism, which is really boosting this activity in Sierra Grande. This is the most important tourist resource of the town. You can visit the mines every day of the week, all year round.
With the suitable equipment you can get 70 m down the mine, where you can walk around 2800 m of darkness, where only a lamp guides the group. They play orientation games, there are comments on the legend of the mines, ways of walking in the water and the mud.
During the excursion, you can learn difference support techniques used in mining. The mining excursion is called "Trip to the Middle of the Earth", where you can get to 100 m under the earth.

SITIOS PARA LA AVENTURA
PLACES FOR ADVENTURE

Las Sierras alcanzan los 450 m. sobre el nivel del mar y es el sitio apropiado para conocer parte de la historia de esta localidad, interpretar el medio ambiente y porqué no sentir la adrenalina a través de actividades en la alta montaña. Guías de la región ofrecen la posibilidad de practicar trekking, rappel, escalada libre, campamentismo, y una gran variedad de otras actividades que van desde cabalgatas hasta parapente.
También está abierta la oportunidad para visitar todos los domingos el museo Dumn Ruca, y conocer las distintas salas que lo componen, como la de la vida cotidiana de los antiguos pobladores, fauna marina, geología y minerales. Está ubicado en el antiguo poblado que se conoce como Sierra Vieja a sólo 3 km de Sierra Grande.
The mountains reach 450m over the sea level and it is the appropriate place to learn about the history of this city, interpret the environment and why not feel the adrenaline in high mountain activities. Guides from the region offer the possibility to practice trekking, rappel, free climbing, camping, and a great variety of other activities that go from horse riding to paragliding. There is also the possibility to visit every Sunday, the Dumn Ruca museum, and revive the life of old inhabitants, marine fauna, geology and minerals. This Museum is located in Sierra Vieja only 3 km from Sierra Grande.

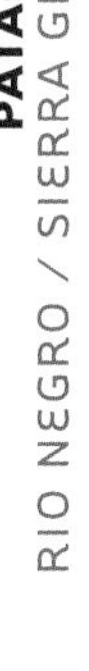

Playas doradas
del Salado

Características / *Characteristics*

Varias olas que presentan diferentes condiciones. Podés hallar olas gordas o huecas con buenas secciones de tubo. Izquierdas y derechas cortas que revientan en la orilla u olas con buen recorrido. Es una playa de arena, cercana a un centro poblado. Vas a encontrar todos los servicios de hotelería, gastronomía y provisión de agua potable. Lugar también frecuentado por surfistas locales, buena onda y por chicas playeras. Las mejores condiciones las brinda con viento del oeste y la ondulación que mejor le entra es la que proviene del este. Zona apta para ser surfeada con cualquier tipo de tabla y también para practicar windsurf y kitesurf.

Several waves that present different conditions. You can find thick or hollow waves with good tube sections. Short lefts and rights that break in the shore or waves with a good ride. It is a beach of sand, near to a populated center. You will find all kind of lodging, gastronomic services and provision of drinkable water. Also frequented by frinedly local surfers and beach girls. The best conditions are given with winds from the west and best undulation from the east. Suitable to be surfed with all kind of boards and also to practice windsurf and kitesurf.

Playa de los Suecos
y Bahía al sur del pueblo

Características / *Characteristics*

Zona de escasa profundidad y fondo de piedras o tosca. Izquierdas y derechas que dependiendo del día van a ser de un recorrido corto o largo. Pero por lo general son olas huecas, con buenas secciones de tubo. Es un lugar desértico a donde se accede por un camino de tierra o ripio. Las mejores condiciones las encontrás con viento del oeste y la ondulación del este. Point apto para surfearlo con tabla corta, longboard o bodyboard.

Shallow area and bottom of rocks. Left and right-handed waves that depending on the time of the day have a short or long ride. But in general, there are hollow waves, with good tubing sections. It is a deserted place, where you can access by earth or grovel roads. You will find best conditions with west winds and undulation from the east. It is a point to be surfed with short board, longboard or bodyboard.

Punta colorada
(ex muelle IPASAM)

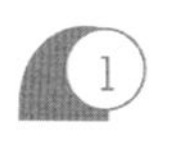

Características / *Characteristics*

Es un point donde hay que ser precavido porque hay restos de muelle, escasa profundidad y fondo de piedras y embarcaciones cercanas al point.
Izquierdas y derechas huecas, con buenas secciones de tubo y largo recorrido. A veces éste último se suele acortar. Es una playa de arena cuyo acceso es por un camino de tierra o ripio. Es bueno que vayas provisto de agua potable y comida porque no hay lugares donde proveerse.
Las mejores condiciones las encontrás con viento del oeste y ondulación este. Point apto para todo tipo de tabla.

You should be cautious in this point because there are remains of a pier, the waters are shallow and has a bottom of rocks. There are also boats near the point. The waves are hollow left and right-handed, with some good tubing sections and long ride. Sometimes it gets shorter. It is a beach of sand, which you can access by earth or grovel road. You should take your own water to drink and food because there are no shops around. The best conditions are given with west wind and undulation from the south. Suitable for all kind of boards.

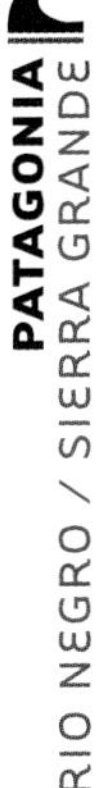

BREVE INTRODUCCIÓN A CHUBUT

La provincia del Chubut debe su nombre al río del mismo nombre que la recorre, desde los Andes hasta el Atlántico. La palabra pertenece a la lengua de los tehuelches, aborígenes que poblaron la región y significa "transparente", por la claridad de las aguas en el curso superior del río.
Sus alucinantes paisajes, conformados por montañas y bosques andinos, lagos, extensas mesetas interiores, playas y costas acantiladas hacen de Chubut un lugar único en el mundo. En ella uno huele aires de una historia aborigen, relegada, pero latente y viva. Lugar místico, donde en los últimos tiempos se han hallado yacimientos paleontológicos y arqueológicos, los que se han constituido en importantes atractivos turísticos.
Las costas oceánicas poseen gran variedad de fauna marina, lo que ha llevado a la creación de numerosas Áreas Naturales Protegidas provinciales, destacándose Península Valdés declarada "Patrimonio Natural de la Humanidad" por la Unesco en 1999.
Es en la costa cuando las mesetas caen abruptas a pico, formando acantilados que pueden superar los 150 m de altura, alternándose con sectores con playas planas donde la vista se pierde.

BRIEF INTRODUCTION TO CHUBUT

The province of Chubut owes its name to the homonymous rive that covers it from the Andes to the Atlantic. The words belongs to the tehuelches, aborigines that inhabited the region and it mean "transparent", for the clearness of the waters in the superior course of the river.
Its amazing landscapes, made up by Andean mountains and forests, lakes, wide interior plateaus, beaches and cliff coasts, make Chubut a unique place in the world. You can smell in it the airs of an aboriginal history, still alive and latent. A mystical place, where lately were found paleontology and archeological sites, which have become important tourist attractions.
The oceanic coasts have a great variety of marine fauna, which have lead to the creation of numerous provincial Protected Natural Areas, where the Valdes Peninsula stands out, declared Natural Patrimony of the Humanity by the UNESCO in 1999.
It is in the coast, when the plateaus that can reach 150 m high fall abruptly, alternate with sectors of plane beaches and you can see look beyond the horizon.

CHUBUT: UBICACIÓN GEOGRÁFICA
GEOGRAPHIC LOCATION

Chubut está localizada en el centro de la Patagonia Argentina, se extiende entre los paralelos 42° y 46° de latitud sur, limita al norte con la Provincia de Río Negro, al sur con la Provincia de Santa Cruz, al oeste con la República de Chile y al este con el Océano Atlántico.
Chubut is located in the center of the Argentina Patagonia and it extends between parallels 42° and 46° Latitude South. It limits to the North with the Province of Rio Negro, To the South with the province of Santa Cruz, to the West with the Republic of Chile and to the East with the Atlantic Ocean.

EL SURF EN CHUBUT
SURFING IN CHUBUT

Fue en Playa Unión donde a mediados de los ochenta comienza la práctica del deporte. Desde este momento crece en forma importante la cantidad de surfistas en el agua, tanto en verano como en invierno.
It was in Playa Unión where in the mid 80s starts the practice of this sport. From this moment onwards, the numbers of surfers in these waters have increase significantly, both during the summer and winter.

RAWSON: CARACTERÍSTICAS

Es la Capital de la Provincia del Chubut desde 1957.
Uno de sus principales potenciales turísticos son sin duda sus museos y centros culturales, donde la caracterizan como una verdadera ciudad. Pero no sólo Rawson es cemento ni hormigón. Rawson cuenta con el Parque Recreativo "General San Martín" al que se ingresa por la RN Nº 3, está ubicado a orillas del Río Chubut y es lugar ideal para el camping, recreación y visita al Zoológico que allí se encuentra.
El Puerto Rawson está situado a 7 km., en la desembocadura del Río Chubut. Es el lugar ideal para saborear platos a base de pescados y mariscos, con el gusto de lo fresco, con la materia prima recién extraída del mar.
Durante los meses de Marzo a Diciembre de cada año, un atractivo relacionado directamente con la naturaleza es el Avistaje de Toninas Overas, entre otras especies animales que enriquecen el mar de esta provincia.

LAS OLAS PATAGONICAS

La Patagonia tiene una gran plataforma submarina lo que provoca que la ondulación que entra del océano se disipa en ella, y no alcanza gran tamaño cuando la ola rompe en la costa. La onda que mejor entra en esta playa generalmente proviene del sudeste, entra con viento de costa y a veces llega sola al balneario. Es común que cada cambio de luna soplen fuertes vientos del sudeste denominados Sudestadas y quede el mar con olas grandes unos días, cuando la ondulación ingresa de esta dirección la ola tiene mayor tamaño en la zona del balneario y es mas chica en la curva y en el espigón. También suele ingresar la ondulación del noreste; esta onda es muy buena porque entra de lleno en la zona de la Curva, donde el fondo tiene mayor pendiente y la ola rompe con mas fuerza allí, permitiendo correr izquierdas de buen tamaño, largas y que rompen perfectas, si esta ondulación choca con el espigón en la pleamar se levanta un pico de 1,5 a 2 metros muy fuerte y rápido.

RAWSON: *CHARACTERISTICS*

Rawson has been the capital city of the Province of Chubut since 1957.
One of its main tourist potentials are its museums and cultural centers, which portrays it as a real city. But Rawson is not only cement. Rawson has the recreation park "General San Martin", where you can access by route 3. Located on the bank of the Chubut river, it is an ideal place for camping, recreation and visiting the Zoo.
Puerto Rawson is located 7 km away, at the mouth of the Chubut River. It is an ideal place to eat seafood, tasting the freshness of the products that just have been fished.
Every year, from March to December you can enjoy the sighting of the Toninas Overas (black and white whales), among other species of animal that add wealth to this province.

PATAGONIA WAVES

The Patagonia has a great submarine platform which causes the curl coming from the ocean to dissipate in it, not reaching a size when the wave breaks in the coast.
The best wave on this beach usually comes from the Southeast, it enters with coastal winds and sometimes gets to the shore by itself. It is common that in every moon change, strong winds blow called "Sudestadas" y leave the sea with big waves for a couple of days. The curl enters in this direction the wave has a bigger size in the beach area and is smaller in the curve and breakwater. The curl can also enter from the Northeast. This wave is very good because it fully enters the curve area, where the bottom has a greater slope and the wave breaks with more strength there, where you can ride lefts of good size, long and with a perfect break. If this curl hits against the wavebreak in the hide tide, they can reach a very strong and rapid peak of 1.5 to 2 m.

Playa Unión

Ubicación / *Location*

El balneario denominado Playa Unión está ubicado al norte de la desembocadura del río Chubut y a 5 kilómetros de la ciudad de Rawson, capital de la provincia de Chubut.

The beach resort named Playa Unión is located North to the mouth of the Chubut river and 5 km from the city of Rawson, capital city of the province of Chubut.

CÓMO LLEGAR
HOW TO GET THERE

Se puede llegar allí por la ruta 3 o por avión hasta la ciudad de Trelew distante unos 20 km. por ruta de asfalto, luego por las rutas provinciales 7 y 25 hasta Rawson y de allí a Playa Unión. Se encuentra dentro del Corredor Patagonia de las Playas y es un punto estratégico desde donde es posible acceder a Península Valdés, Punta Tombo, Valle Inferior del río Chubut, Dique Florentino Ameghino y el desierto agreste de la Patagonia.

You can get there by route 3 or by plane until the city of Trelew, 20 km by asphalt, then by route 7 and 25 up to Rawson and from there to Playa Union. It is located inside the Patagonia Beach Corridor and in a strategic point where it is easy to access to Valdes Peninsula, Punta Tombo, Inferior Valley of the Chubut River, the Florentino Ameghino Dam and the wild desert of the Patagonia.

Características / *Characteristics*

Peligros: Corrientes peligrosas y embarcaciones cercanas al point. Es uno de los lugares con olas más variadas del sur. Presentan todo tipo de condiciones: olas gordas y desparejas, olas tubulares con sección de tubos. Da tanto izquierdas como derechas, largas y cortas. Es de fácil acceso y hay zonas pobladas. Es una zona donde tenés todos los servicios (podés proveerte de comida, agua, alojamiento, etc.). Las mejores condiciones se dan con el viento del oeste y la onda del noreste. Ola ideal para todo tipo de tablas.

Dangers: *Dangerous currents and boats near the point. This is one of the place with most varied type of waves of the Southern territory. They present all kind of conditions: thick and uneven waves, tubular waves with sections of tubes. Both left and right, long and short. In this are you can enjoy all kind of services (food, water, accommodation, etc). The best conditions are given with West winds and curl from the Northeast. Ideal wave for all kind of boards.*

Magañas

Características / *Characteristics*

Presenta los peligros del fondo de piedras cuando hay escasa profundidad. De acuerdo a las condiciones puede dar olas gordas y desparejas como huecas con buenas secciones de tubo. También encontrás derechas e izquierdas largas y cortas. Acceso por camino de tierra o ripio. Hay un centro poblado cercano. Como servicios tenés baños públicos, teléfonos y podés proveerte de alimentos y agua potable. Las mejores condiciones son con viento del oeste y la ondulación del noreste. Una buena ola para todos los tipos de tablas.

Presents dangers when it is shallow because of the rocky bottom. It also has some variations. Depending on the conditions, the waves can be thick and uneven or hollow with good tubes. You can also find left and right, long and short. You can access by earth or gravel roads. There are services, such as public showers and toilets, telephone and you can obtain food and potable water. The best conditions are given with West wind and curl from the Northeast. A good wave for all kind of boards.

Playa bonita

Características / *Characteristics*

Como peligro podemos destacar el fondo de piedras cuando hay escasa profundidad. No es una ola que presenta mucha calidad. Generalmente son desparejas y también la mayoría de las veces tanto las izquierdas como las derechas son gordas. El acceso es por camino de tierra o ripio. Las mejores condiciones se dan con viento sudoeste y ondulación del sur. Es una buena ola para correrla con cualquier tipo de tabla.

As danger we can stand out the rocky bottom when the waters are shallow. It is not a wave of much quality. They are generally thick, uneven and most of the time can be left or right and think. The access is by earth or gravel roads. The best conditions are given with Southeast winds and curl from the South. Good wave to ride with any kind of board.

El faro

Características / *Characteristics*

Con marea baja, a escasa profundidad, las piedras pueden tornarse peligrosas. Por este fondo es una ola corta pero tubular. Playa desértica aunque tiene un poblado cerca. El acceso es de ripio o mejorado. Las mejores condiciones las encontrás con viento sudoeste y con onda del sur. Es una ola buena para body, para tabla corta o bien para funboard y longboard.

With a low tide and shallow waters, the rocks can get dangerous. Because of this bottom the wave is short, but tubular. Deserted beach, although it has a town nearby. The access is by gravel roads. The best conditions are given with Southwest wind and curl from the South. This is a good wave for bodyboard, short boards or funboard and longboard.

Los cangrejales

Características / *Characteristics*

Su principal peligro es el fondo de piedra y la escasa profundidad. Rompen tanto izquierdas y derechas, de recorrido corto, huecas y con secciones tubulares. Es una playa desértica, sin servicios, aunque esté cerca de un poblado. El acceso es por camino de ripio o tierra. Y al igual que las anteriores las mejores condiciones las encontramos con viento sudoeste y onda del sur.

Its main danger is the rocky bottom and shallow waters. The waves break let or right, the hollow ones have a short ride and with tubular sections. It is a deserted beach, with no services, although it s nearby to a small town. The access is by earth or gravel roads, Same as the previously mentioned the best conditions are given with Southeast wind and curl from the South.

Santa Isabel

Características / *Characteristics*

Es una zona de corrientes peligrosas. Es una ola gorda que no tiene mucha forma. Rompen tanto izquierdas y derechas de un recorrido corto. Playa desértica, de acceso por camino de tierra o ripio. Las mejores condiciones se dan cuando el viento está del oeste y la onda proviene del sur. Es una ola apta para cualquier tipo de tablas.

It is an area of dangerous currents. It is a think wave without much shape. They break both left and right and have a short ride. Deserted beach and access by earth or gravel roads. The best conditions are given when the wind comes from the West and the curl from South. A good wave for all king of boards.

Isla escondida

Características / *Characteristics*

Corrientes peligrosas y escasa profundidad con fondo de piedras. Es una ola hueca con secciones tubulares. Rompen muy buenas derechas e izquierdas de buen recorrido. Playa desértica y el acceso es por camino de tierra o ripio. Las mejores condiciones: viento del oeste y onda del este.

Dangerous currents and shallow rocky bottom. It is a hollow wave with tubular sections. They have good left and right breaks with good ride. Deserted beach and access by earth and gravel roads. The best conditions are given with West wind and curl from the East.

Cabo Raso

Características / *Characteristics*

Varios points: Punta 1, El Diego, Cementerio, Punta 2, 3 y 4. Hay escasa profundidad y fondo de piedras. Como imaginarás por la cantidad de points, es una zona con muchas y variadas olas. Hay olas gordas y huecas orilleras. Hay izquierdas y derechas largas, hay olas cortas, hay olas que sólo rompen hacia la izquierda y otras para la derecha. Si bien el acceso es asfaltado, la playa es desértica y no posee servicios. El mejor viento es el oeste y la mejor ondulación la que proviene del sudeste y noreste. Buenas olas para todo tipo de tablas.

Several points: Various points: Point 1, El diego, Cementerio, Point 2, 3 y 4. It has shallow waters and rocky bottom. Because of the number of points, it is an area with many types of waves. There are think and hollow shorebreakers. There are long lefts and rights, there are short waves, waves that only break to the left and others that only break to the right. Although the access is by asphalt, the beach is deserted and has no services. The best wind comes from the West and the best curl from the Southeast and Northeast. Good waves for all kind of boards.

CAMARONES: CARACTERÍSTICAS

A orillas de la Bahía de Camarones, en el punto medio entre las ciudades de Trelew y Comodoro Rivadavia, se ubica esta localidad pesquera, punto de partida del Corredor Bioceánico (Atlántico-Pacífico) en Argentina.
La prolijidad y el orden de la villa se destacan dentro de un paisaje natural agreste e imponente. Las cristalinas aguas que rodean a Camarones lo hacen uno de los sitios predilectos para los adeptos al buceo y la pesca en todas sus variantes.
A sólo 28 km. se encuentra el Area Protegida "Cabo Dos Bahías", donde concentra una colonia de pingüinos de Magallanes y una singular y muy numerosa población de guanacos. A lo largo de 14.000 metros de costa conjuga rocas de distintas tonalidades con caletas y con los originales juegos morfológicos de sus playas.

CAMARONES: CHARACTERISTICS

At the shore of the Bahia de Camarones, in the middle of the cities of Trelew and Comodoro Rivadavia, you will find this fishing locality, starting point of the Bioceanic Corridor (Pacific Ocean) in Argentina.
The neatness and order of the village stands out within its wild and imposing natural landscape. The crystal clear waters that surround Camarones makes it one of the preferred places of those who like diving and fishing in all their varieties.
Only 28 km away from the Protected area "Cabo Dos Bahias", you can find a colony of Magallanes penguins and a singular, but numerous population of guanacos. Along its 14 000 m of coast, rocks of colors combine with small bays and the original morphological forms of its beaches.

Playa frente a Islas Blancas

Características / *Characteristics*

Como peligros podemos citar que hay corrientes peligrosas, escasa profundidad, fondo de piedras y embarcaciones cercanas al point. Las olas son preferentemente derechas, huecas y generalmente orilleras (rompen en la orilla). El acceso es asfaltado con tramos de ripio o tierra. Es una zona que posee todos los servicios de alojamiento, gastronomía, transporte, servicio mecánico, etc. Las mejores olas rompen con viento oeste y ondulación sudeste o noreste. Olas aptas para todo tipo de tablas.

As a danger we can mention that there are dangerous currents, shallow, rocky bottom and boats near the point. The waves are preferably right, shallow and shorebreakers. The access is by asphalt, with stretches of gravel and earth. It is an area which offers all services of accommodation, gastronomy, transport, mechanical service, etc. The best waves break with West wind and Southeast or Northeast curl. Fit for all kind of boards.

Playa Elola

Características / *Characteristics*

Son izquierdas y derechas cortas, gordas, desparejas y orilleras. Playa desértica con acceso de tierra o ripio. Las mejores condiciones las hallás con viento sur y onda del Este. Es una ola para cualquier tipo de tabla.

They are short lefts and rights, thick, uneven and shorebreakers. Deserted beach with access by earth or gravel. The best conditions are given with South wind and East curl. Fir for all kind of boards.

Cabo Dos Bahías

Características / *Characteristics*

Ojo hay corrientes peligrosas y fondo de piedra con escasa profundidad. Las olas son cortas, quiebran tanto izquierdas como derechas y generalmente son huecas y rompen en la orilla. Es un point sin gente ni servicios y se accede por camino de tierra o ripio. Las mejores condiciones las brinda con viento del oeste y onda del sudeste y del noreste.

Watch out, there are dangerous currents, and shallow rocky bottom. The waves are short, break both left or right and generally are hollow and break in the shore. It is a deserted point with no people or services and you can get there by earth or gravel roads. The best conditions are given by West wind and Northeast and Northwest curls.

Playa de los toboganes

Características / *Characteristics*

Cuidado que hay embarcaciones cerca del point. La ola es gorda, de poco recorrido y de rompiente no muy pareja que puede romper tanto de izquierda como de derecha. Es una playa de arena situada en un point desértico. Se accede por camino de tierra. Como está situada en una villa balnearia, tenés duchas, baños públicos, agua potable y un servicio de gastronomía. Las mejores condiciones vienen con viento oeste y la onda puede ser tanto del noreste como del sudeste.

Be careful because there are boats near the point. The wave is thick, with not much ride and can break either left or right. It is a sand beach located in a deserted point. You can get there by earth or gravel roads. It is located in a balnearian village, you have showers, public toilets, drinking water and a gastronomic service. The best conditions come with West winds and the curl can be from the Northwest as well as from the Southeast.

Playa del amor

Isla Gravina

Características / *Characteristics*

Zona de fondo de piedra y escasa profundidad. Son izquierdas y derechas cortas, que pueden ser tanto gordas como huecas y a veces romper en la orilla. Es una playa desértica de acceso por tierra o ripio. No posee servicios. Las mejores condiciones las da el viento oeste, sudoeste. Y la onda debe venir del sudeste o del noreste. Ola apta para todo tipo de tabla y bodyboard.

Area of rock bottom and shallow. The are short left and rights, and they can be thick or hollow and sometimes break in the shore. It is a deserted beach, which you can access by land. There are no services. The best conditions are given by West and Southeast winds. The curl must come from the Southeast or Northeast. The waves is fit for all kind of boards and bodyboards.

Playa de las Rocas

Características / *Characteristics*

Cuidado porque es una zona de corrientes y escasa profundidad con fondo de rocas. Quiebran derechas e izquierdas cortas, a veces huecas otras gordas, sin mucha forma, y suelen ser orilleras. Es una playa con muy poca gente, ni servicios. Se accede por camino de tierra. Las mejores olas rompen cuando el viento está del oeste o sudoeste y la ondulación viene del sudeste o del noreste. Apta para todo tipo de tablas.

Be careful because this is an spot of currents and has a shallow rocky bottom. They break short rights and lefts, sometimes hollow, others thick, don't have much shape and are usually shorebreakers. It is a quite solitaire beach and practically no services. You can get there by earth roads. The best waves break when the wind comes from the West or Southeast and the curl comes from the Southeast and Northeast. Fit for all kind of boards.

Cabo Aristizabal

Características / *Characteristics*

Zona de corrientes, fondo de piedra y embarcaciones cercanas al point. Las olas son izquierdas y derechas largas pero sin mucha pared ni forma. La zona es bastante desértica, sin servicios y el acceso es por camino de tierra o ripio. Las mejores condiciones están cuando el viento está oeste o sudoeste y la onda proviene del sudeste o del noreste. Es una zona apta para todo tipo de tablas.

Area of currents, rocky bottom and boats near the point. The waves are long lefts and rights, but with not much wall or shape. The area is pretty deserted, there are no services and the access is by earth or gravel roads. The best conditions are given when the wind comes from the West or Southwest and the curl comes from the Southeast and Northeast. Area fit for all kind of boards.

COMODORO RIVADAVIA: CARACTERÍSTICAS

Recostada sobre el Golfo San Jorge y emplazada en la zona sudeste de Chubut, se encuentra a 1850 Km. de Buenos Aires. Ubicada en el Extremo este del Corredor Bioceánico, que nos une con el Océano Pacífico, el que luego de recorrer casi 500 Km. para llegar a Puerto Chacabuco (Chile), une en su recorrido diferentes ciudades y pueblos a través de valles fértiles, mesetas y montañas que atesoran valores paleontológicos, culturales, actividades rurales y vestigios de las primeras culturas indígenas, hasta llegar al paso cordillerano del Hito 50 en la frontera con Chile, el que permanece abierto durante todo el año y no requiere el uso de vehículos especiales.
Comodoro conecta con el resto del país por tierra, mediante numerosas compañías que llegan hasta ella, o por aire, mediante su aeropuerto internacional. Además su vínculo con el vecino país de Chile es constante debido al intercambio permanente que sus pobladores mantienen entre sí.
Es una ciudad que conjuga, quizás como pocas en el sur, una intensa vida nocturna y diurna. Dentro de ella conviven hoteles, restaurantes variados y lugares donde ir a tomar algo, con una importante presencia de la naturaleza. Comodoro es un buen punto de partida, un lugar donde hacer base para conocer más en profundidad la provincia de Chubut.

COMODORO RIVADAVIA: CHARACTERISTICS

1850 km from Buenos Aires, Comodoro Rivadavia lies on the San Jorge Golf in the Southeast area of Chubut.
Located at the extreme East of the Bioceanic Corridor, that communicates us with the Pacific Ocean. This Corridor covers nearly 500 km to Puerto Chacabuco in Chile and unites different cities and towns full of fertile valleys, plateaus and mountains that store paleontology and cultural treasures, rural activities and traces of the first indigenous cultures, until reaching the mountain range way "Hito 50" in the Chile frontier, which is open all year round and doesn't require of special vehicles to cross it.
Comodoro is connected with the rest of the country by land or by plane. Besides, it keeps a permanent relation with the neighboring country, Chile due to the permanent exchange that their inhabitants maintain among them.
It is a city that combine, maybe like few in the South, an intense night and day life. There are hotels, diversity of restaurants and bars, with strong presence of nature. Comodoro can be a good starting point, a place where you can begin getting to know the province of Chubut.

RADA TILLY

A tan solo 12 Km de Comodoro Rivadavia por la Ruta Nacional Nº 3, está Rada Tilly, con una extensa playa de 3 Km ideal para gozar de los últimos calores del sur, disfrutar los fuertes vientos y todo lo que brindan sus grandiosas extensiones de arena. Todo enmarcado por dos accidentes geográficos: Punta del Marqués al sur y Punta Piedras al norte. En la primera además se puede visitar un apostadero de Lobos Marinos acercándonos a la colonia a través de binoculares estratégicamente ubicados.
En Rada Tilly vas a encontrar todas las posibilidades para alojarse en distintos tipos de sitios turísticos y dejarse llevar hacia una variada gama de actividades de turismo activo.

Only 12 km from Comodoro Rivadavia by route 3, you will find Rada Tilly, with a vast 3 km beach ideal to enjoy the warmth of the South, enjoy the strong winds and everything that the great extensions of sand can offer. Everything framed by two geographical features: Punta del Marques to the South and Punta Pederast to the North. In the first one you can also visit a station of sea lions, where you can get closer to the colony a strategically located binoculars. In Rada Tilly you will find all the possibilities to lodge in different tourist sites and let yourself go to a variety of activities.

Muelle YPF

Características / *Characteristics*

Ante todo hay que tener precaución porque es una zona de muelles o espigones dañados, poca profundidad y fondo de piedra y embarcaciones en la zona. Izquierdas gordas o huecas, depende la amplitud de la marea. Acceso asfaltado y locales amistosos que no dudarán en guiarte si lo necesitás. Es una zona poblada que goza de todos los servicios (hospedaje, agua, comida, talleres mecánicos, comunicaciones, etc.). Las mejores olas rompen con viento del oeste y la onda del sudeste o del noreste.

Firstly, you have to be careful because this is an area of damaged piers and wavebreak, of shallow waters and rocky bottom and boats in the area. You have left thick waves or hollows depending to the tide. You can access by asphalt. It a populated area provided with all services (accommodation, water, food, mechanical services, communication, etc). The best waves break with wind from the West and curl from the Southeast or Northeast.

Rada Tilly

Características / *Characteristics*

Zona de corrientes peligrosas. Varias olas. Hay olas huecas o gordas. Hay olas orilleras, cortas o izquierdas y derechas largas. Acceso asfaltado y playa situada en zona poblada. Es un lugar que tiene todos los servicios y que goza de una tribu de locales amistosos. Las mejores condiciones son con viento del oeste y onda del sudeste y del noreste. Zona para usar todo tipo de tablas.

Area of dangerous currents. Several kind of waves. They break in the shore so they have a short ride or long left and right. You can access by asphalt and the beach is located in a populated area. It is provided with all the services and there is a friendly population of a local tribe nearby. The best conditions are given with wind from the West and curl from the Southeast and Northeast. Area for all kind of boards.

3 bahías

Características / *Characteristics*

Lugar de corrientes fuertes,poca profundidad y fondo de piedra o tosca. Pueden ser gordas o huecas con buenas secciones de tubos. Generalmente pueden ser izquierdas o derechas y su recorrido es corto. Es una playa de arena poco concurrida pese a tener accesos con tramos de asfalto y de tierra o ripio. Las mejores condiciones en la zona se dan con vientos del oeste y onda del sudeste o del noreste. Apta para todo tipo de tablas.

Place of strong currents, shallow waters and rocky and rough bottom. The are several kind of waves that present different conditions depending on each moment. They can generally be left or right with a short ride. It is a sandy beach, not frequented much in spite that is has a good access. The best conditions are given with west winds and curl from the Southeast or North east. Suitable for all kind of boards.

Unicenter • Alto Palermo • Abasto de Bs.As
Plaza Oeste • Lomas Center • R. Peña 1127
Alto Avellaneda•Paseo Alcorta•Mendoza Plaza
Las Palmas del Pilar•Av. Córdoba 530 y Florida
Patio Olmos Córdoba•Boyeros y Cerezos Carilo

Cristobal Colón
www.cristobalcolon.com

Second Wind
Elcano 794, Acasusso. Argentina.
T. (011) 4793-5626

Torque
Av. Rivadavia 6265, CF - T. (011) 4633-5481
Esteban Bonorino 14, CF - T. (011) 4631-3872

Moai, ropa y arte
Alem 3819, local 5. Mar del Plata.
T. (0223) 486 5354

Quiksilver
Alto Palermo / Abasto / Solar. Mza: Plaza Shopping.
MdP: Güemes 3012 / Juan B. Justo 1550.

Hardwear
Stgo del Estero 1760, Gal. Sao, local 47
Mar del Plata. T. (0223) 496 1527

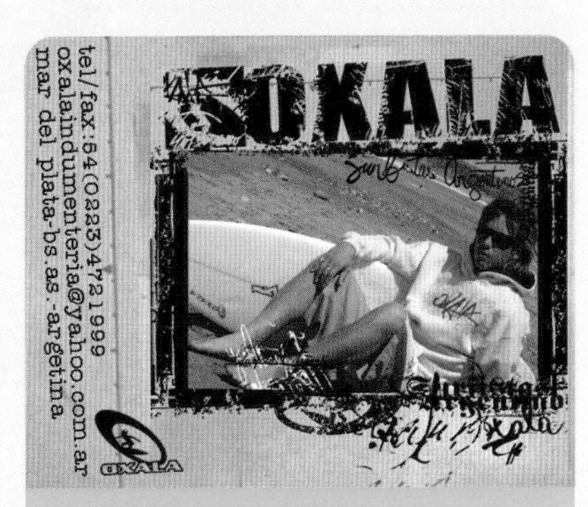

Oxala
oxalaindumentaria@yahoo.com.ar
Mar del Plata. T. (0223) 472 1999

Roxy
Mar del Plata: Alvarado 1205, loc 1.

REEF
STORE
REEF
STORE
REEF SANDALS
AV.LIBERTADOR14955-ACASSUSO-BUENOS AIRES
HORARIO DE ATENCION: LUNES A SABADO 10 A 14 ,14 A 20 HS.

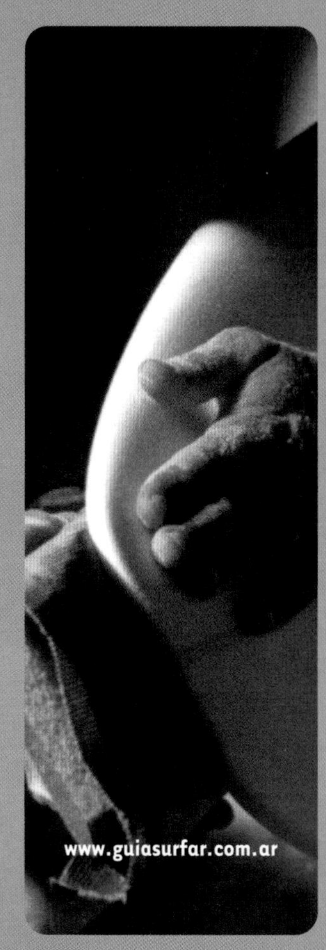

Atlántico Sur
www.atlanticosursurf.com.ar

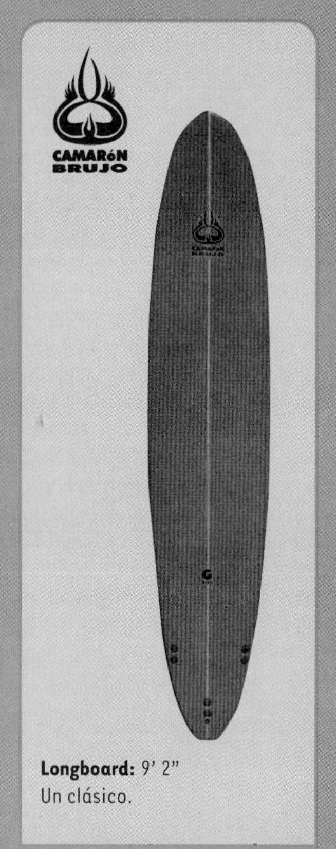

Camaron Brujo
T: (0223) 489-6847
www.camaronbrujo.com

Nueva Esperanza
Av.502 N°1160. T:(02262)43-9388
nuevaesperanzasurf@hotmail.com

INFO EXTRANJEROS

Documentación
Todas las personas que viajen a la República Argentina requieren pasaporte con validez de seis meses, a excepción de los provenientes de Bolivia, Brasil, Chile, Paraguay y Uruguay, que por ser países limítrofes, pueden ingresar con su documento de identidad.

Todas las personas que visiten la Argentina necesitan visado excepto:
Ciudadanos de la Unión Europea y de los Estados Unidos de América, para estancias menores de 90 días. Los ciudadanos de Bolivia, Brasil, Chile, Paraguay, Uruguay, Colombia, Costa Rica, República Dominicana, Ecuador, El Salvador, Guatemala, Honduras, México, Nicaragua, Panamá, Perú y Venezuela, para estancias de un máximo de 90 días.

Requisitos para obtener visa de turismo
Pasaporte válido u otro documento de viaje reconocido por la República Argentina.
Formulario de solicitud (provisto por el Consulado): 1 fotografía 4 x 4, pasaje de ida y vuelta, pago del arancel consular, probar medios económicos para la estadía.
El plazo máximo de permanencia que pueden otorgar las Oficinas Consulares es de noventa (90) días. Dicho plazo puede prorrogarse por una única vez, por igual lapso al otorgado, presentándose en cualquiera de las Delegaciones de la Dirección Nacional de Migraciones antes de que expire el plazo originalmente concedido. Para obtener la prórroga se debe abonar el arancel.
Las personas menores de 21 años que deseen entrar al país sólo o junto a otra persona que no sea su tutor legal, debe presentar una autorización escrita firmada por el padre, madre o tutor visada por el cónsul argentino del lugar de procedencia. Esta puede ir incluida en el mismo pasaporte.

Embajadas y consulados
Ministerio del Interior. Asuntos Migratorios
Av. Antártida Argentina 1355 C1104ACA
Buenos Aires.
TEL: 4317-0234/0235/0236/0237/0238 y 0800-333-728742.
info@migraciones.gov.ar

Devolución del IVA
En el aeropuerto podrá recuperar el importe abonado en concepto del Impuesto al Valor Agregado, si ha adquirido productos nacionales por importes superiores a $ 70 (por factura) en los comercios adheridos al sistema "Global Refund".

Medios de pago
El dólar estadounidense y el euro son generalmente aceptados. Las tarjetas de crédito de aceptación más frecuente son American Express, VISA, Diners y Master Card. Puede haber dificultades para el canje de cheques de viaje fuera de Buenos Aires.

Horarios comerciales
Bancos y casas de cambio: de lunes a viernes, entre 10.00 y 15.00 horas.
Oficinas comerciales: generalmente de 09.00 a 12.00 y de 14.00 a 19.00 hrs. Tiendas y negocios: en las grandes ciudades, de 09.00 a 20.00 horas, aunque en el interior suelen cerrar a mediodía. Los sábados, el horario es de 09.00 a 13.00.
Cafés, confiterías y pizzerías: están casi siempre abiertos, con un paréntesis entre dos y seis de la madrugada.
Restaurantes: el almuerzo se sirve a partir de las 12.30 y la cena a partir de las 20.30. Muchos establecimientos ofrecen comidas rápidas a toda hora.

Propinas
Es costumbre dejar un 10% del importe del servicio en cafeterías y restaurantes y dar una propina a porteros, maleteros y acomodadores de espectáculos.

Cambio de divisas
El cambio de dinero podés hacerlo en las fronteras, casas de cambio, bancos, agencias de viajes, hoteles o comercios. La moneda más fácil de cambiar es el dólar estadounidense. Para otro tipo de divisa, hasta el euro, lo recomendable por seguridad y comodidad, es ir a alguna casa de cambio. Estas últimas son, junto a los bancos, los lugares más seguros para realizar este tipo de operaciones.

Pesos y medidas
Los pesos y medidas se rigen según el sistema métrico decimal.
> La corriente eléctrica opera en 220 V a 50 Hz siendo esto extensivo a todo el territorio.
> La moneda es el peso dividido en 100 ctvs.

FOREIGN INFORMATION

Documentation
Anyone who travels to Argentina must have a passport with a six-month validity, except for those coming from Bolivia, Brazil, Chile, Paraguay and Uruguay, that because they are citizens from neighboring countries they can enter with their national Ids.
Anyone visiting Argentina needs a visa, except for citizens of:
The European Union, The United States of America, for stays of up to 90 days. Citizens from Bolivia, Brazil, Chile, Paraguay, Uruguay, Colombia, Costa Rica, Dominican Republic, Ecuador, El Salvador, Guatemala, Honduras, México, Nicaragua, Panama, Peru and Venezuela for a maximum stay of 90 days.
Requirements for obtaining a tourist visa
Valid passport or other traveling documentation recognized by the Argentine Republic.
Request form (provided by the Consulate):
1 photo 4 x 4, round trip air ticket, payment of consular tariff, prove economic solvency during your stay.
The maximum period of stay that you can obtain in the Consular offices is ninety (90) days. This period can be extended only once, for the same granted period. For this you have to go to any of the Delegations of the National Migration Direction before the original granted period expires.
Persons under 21 who wish to enter the country alone or with another person who is not it legal tutor, must submit a written authorization signed by their parents or tutor and legalized by the Argentine consulate in the country of origin. The authorization may be included in the passport.
Embassies and consulates
Ministry of Interior - Migration Affairs
Av. Antártida Argentina 1355 C1104ACA Buenos Aires.
Tel: 4317-0234/0235/0236/0237/0238 & 0800-333-728742.
info@migraciones.gov.ar
VAT Return
In the airport you can recover the amount paid of Value Added Tax (VAT) if you have bought national products over $70 (presenting ticket or invoice) that have joined the "Global Refund" system.
Means of payment
Although, the US dollar and the Euro are generally accepted, the currency exchange is made in banks and authorized exchange agencies. The mostly accepted credit cards are American Express, VISA, Diners and Master Card. You may have difficulties in exchanging traveler's checks outside Buenos Aires.
Commercial hours
Banks and exchange agencies: from Monday to Friday, from 10:00 a.m. to 3.00 p.m.
Commercial offices: generally from 09.00 a.m. to 12.00 p.m. and from 2.00 p.m. to 7 p.m.
Stores in the big cities, from 09.00 a.m. to 8.00 p.m. although in smaller cities they close at noon. On Saturdays from 9.00 a.m. to 1.00 p.m.
Cafes, bars and pizzerias are always open, except from 2.00 to 6.00 a.m.
Restaurants: you can have lunch from 12.30 p.m. and dinner from 8.00 p.m. There are many takeaways open all day long.
Tips
It is a habit to leave a 10% in bars and restaurants and also to tip porters, bellboys and theatre ushers.
Currency Exchange
You can exchange money in the frontiers, exchanges agencies, banks, travel agencies, hotels and stores. The easiest currency to exchange in these places is the US dollar. For other currencies, even the Euro, we recommend for your convenience and security reasons, go to an exchange agency. These, together with the banks are the safest places to make these types of operations.
Don't forget that you are obtaining a currency that you don't know.
Another recommendation is that bargaining is generally common is this kind of transactions, so you may get another extra point for your money.
Weights and measures
The weights and measures follow the decimal metric system.
> The electric current operates at 220 V and 50 Hz in the whole territory.
> The currency is the peso, divided in 100 cents.

CARILO (02254)

APART HOTELES 4 ESTRELLAS
4 STARS APART HOTELS

Tunkelen
Avutarda 926. T: 57-296 / 9090
Cariló Rumel
Avellano y Playa. T: 47-0302/3

APARTS / HOTELS

Refugio del Bosque
Bandurria y Avellano . T: 57-2870
Playa Inn
Laurel y Avutarda. T: 47-0707

CABAÑAS / LODGES

Lemú Hue
Avutarda 1262. T: 47-0935
Club Sol y Mar
Boyero y Aromo

HOTELES 3 ESTRELLAS
3 STAR HOTELS

Playa Inn
Laurel y Avutarda. T: 47-0707
Puerto Pirata
Cerezo y Playa. T: 57-2828

HOTELES 4 ESTRELLAS
4 STAR HOTELS

La Hostería Cariló
Avutarda y Jacarandá. T: 57-0704/5
Marcín
Laurel y El Mar. T: 57-0888
Dock de Mar
Avutarda y Jacaranda
T: 57-2877/ 47-0679/ 80

PINAMAR (02254)

CAMPINGS

Quimey Lemu
Ruta 11 y Acceso. T: 484949
Saint Tropez
Ply Quintana 138. T: 482498

HOSTERÍAS / HOSTELS

Bora bora
Del Tuyú 441. T: 482394
Isla Tortuga
Av. del Mar 187. T: 497680

HOTELES 4 ESTRELLAS
4 STAR HOTELS

Del Bosque
Av. Bunge 1550. T: 482480
Las Calas
Av. Bunge 560. T: 405999

HOTELES 3 ESTRELLAS
3 STAR HOTELS

Africa
Av. Libertador 500. T: 490070
La posada
Del Tuyú 98. T: 482267
Bufon del Rey
Los Delfines 81. T: 482323
Cedro Azul
Jason 497. T: 407227

PLAYAS / PARADORES

SPORTBEACH Zona norte

VILLA GESELL (02255)

CAMPINGS

Autocamping California
Alameda 214 y 304. T: 458346
Autocamping Caravan
Paseo 110. T: 468259
El Pucara del Mar
Alameda 201 y 313. T: 458462
La Arboleda Camping
Paseo 107 Nº 551. T: 462634

HOTELES 3 ESTRELLAS
3 STAR HOTELS

Dinos
Av. 3 Nº 1187. T: 462028
Flor de Lis
Av. 4 (e/104 y 105). T: 462529
Cap Arcona
Playa (e/117 y 118).
T: 462209/2954
Atlántico
Costanera y Paseo 105
T: 462253/ 462561
El Velero
Av. 3 Nº 310. T: 462256

HOTELES 4 ESTRELLAS
4 STAR HOTELS

Gran Internacional
Av. 1 Nº 303. T: 468672
Bahia
Av. 1 e/108 y 109. T: 462838/0838
Coliseo
Av. 1 y Paseo 107. T: 462955/3420

MAR DE AJO (02257)

CAMPING

Faro Punta Médanos
Ruta 11 entre Mar de Ajó y Pinar del Sol.. T: 42-2927
El Muelle
Córdoba y Catamarca. T: 42-0158
Autocamping General Lavalle
Fco. de las Carreras 800. T: 42-0104
A.C.A.
Rosas y Melón Gil. T: 42-0230

HOTELES 3 ESTRELLAS
3 STAR HOTELS

Hotel Extym
Avellaneda Nº 170. T: 4567-7030
Hotel El Dorado
Av. Costanera 576. T: 42-3054
Hotel Shelter
José Quinteros 173. T: 42-0164
Hotel Amancay
Blanco Encalada 301. T: 42-0142
Hotel San Rafael
J. Newbery 502. T: 42-0197

SAN BERNARDO (02257)

CAMPINGS

Las Tacuaritas
San Juan N° 1656. T: 464167
San Bernardo
Garay y Gaboto. T: 460478
Weekend
Salta y Gutierrez. T: 468970

HOTELES 3 Y 4 ESTRELLAS
3 AND 4 STAR HOTELS

Da Vinci
San Juan N° 1850. T: 460668
Ser Mar
Zuviria N° 71. T: 460358
Bel Sur
Esquiu y Mitre. T: 460565
Chiavari
Chiozza 2240. T: 460278
Felence
Costanera n° 2888. T: 463020
Neptuno Plaza
La Rioja y Hernández. T: 461789
New Seaboard
San Bernardo N° 100. T: 466447

SAN CLEMENTE DEL TUYU (02252)

CAMPINGS

El Tala Calle 9 bis y 72. T: 42-1593
Kumelkan I
Calle 48 y Avenida VII. T: 42-2059

HOTELES 3 ESTRELLAS
3 STAR HOTELS

Coral
Calle 18 N° 261. T: 42-1123
Sun Shine
Av. T del Tuyú 3025. T: 43-0316
Morales
Calle 1 N° 1856. T: 42-1207
Playa
Calle 1 N° 2600. T: 42-1362
Altair
Calle 3 N° 2283. T: 42-1429

HOTELES 4 ESTRELLAS
4 STAR HOTELS

Gran Hotel Fontainebleau
Calle 3 N° 2294. T: 42-1187

STA TERESITA (02246)

CAMPINGS

Estancia El Carmen
Calle 23 y Costanera. T: 42-0220

HOTELES 3 ESTRELLAS
3 STAR HOTELS

Ezpeleta
Calle 40 N° 235. T: 420908
Playa
Calle 36 N° 270. T: 420579
Apolo Calle 42 N° 270. T: 420367
Sorrento
Calle 37 N° 235. T: 420298

MAR DEL PLATA (0223)

CAMPINGS

Autocamping Del Faro
Paseo Costanero Sur P. Illia 800
Eco - Parque El Encanto
Estación Chapadmalal
El Griego
Av. Edison 8000
GREEN WORLD SURF CAMP
Paseo Costanero Sur P. Illia 2
Las Brusquitas
Paseo Costanero Sur P. Illia 28
Playa Dorada
Ruta 11 14

APARTS HOTELES
APARTS HOTELS

Super Resort.
Av. Edison 3500
Torres de Manantiales
Alberti 453
Primacy Apart
Santa Fe 2464

HOSTELS

Casagrande
Jujuy 947. T: 476-0805
Yanquetruz hostel
9 de julio 3634. T: 473-8098

HOTELES 3 ESTRELLAS
3 STAR HOTELS

Benedetti Av. Colón 2198
Club del Golf Arist. del Valle 3641
El Hostal de Alem Rawson 233
Guerrero Diag. Alberdi 2288
Marino Alem 3641
Rívoli Av. Luro 2260

HOTELES 4 ESTRELLAS / 4 STARS HOTELS

Gran Hotel Sasso
Av. Martínez de Hoz 3545
Hermitage Hotel
Bv. Marítimo P. P. Ramos 2657
Hotel Iruña Diag. Alberdi 2270
Las Rocas Alberti 9

HOTELES 5 ESTRELLAS
5 STARS HOTLES

Costa Galana
P. Peralta Ramos 5725
Hermitage Hotel
Av. Colón 1679
Sheraton Mar del Plata Hotel
Alem 422

MIRAMAR (02291)

HOTELES 3 ESTRELLAS
3 STAR HOTELS

Costa Remanso
Calle 13 esq. 16. Playa 250 mts.
América
Diag. R. de Mitre n° 1114.
Grand Hotel
Av. 12 esquina 29.

Brisas del Mar
Calle 29 nº 557. T: 42 0334
Las Brusquitas
Av. 26 nº 1431. T: 42 0444
Miramar
Calle 21 nº 974. T: 42 1617

PARADORES / BEACH BAR

Cantina El Muelle
Costanera y 37. T: 43 0058
Osvaldito
Costanera y 25. T: 42 2014
San Ignacio
Costanera y 23. T: 42 1411
Apocalipsis
Costanera y 17. T: 42 2574
Negro el 22 Costanera y 13
Negro el 10
Costanera y 11. T: 42 1134
Miramar III
Costanera y 11. T: 42 2695
La Costa Costanera y 9
Barsi
Ruta 11 y Arco S.Martín. T: 42 1773
Cantina Italiana Beach
Ruta 11. T: 43 0579
Charly
Ruta 11 y Av. del Mar . T: 43 0470
Costa Galana Ruta 11. T: 42 2322

NECOCHEA (02262)

HOTELES 2 ESTRELLAS
2 STAR HOTELS

Hotel Las Brisas
Calle 83 Nº 374. T: 524856
Hotel Flamingo
Calle 83 nº 333. T: 420049

HOTELES 3 ESTRELLAS
3 STAR HOTELS

Hotel Bell Mar
Av 79 Nº 364 T: 523646
Hotel Bahía
Diag. San Martin 731. T: 423353

HOTELES 4 ESTRELLAS
4 STAR HOTELS

Hotel Presidente
Calle 4 Nº 4040. T: 423800
HOTEL SARI MAR
(a 250 mts del mar)
Calle 8 Nº 4351 T: 424381

PIZZERÍA ITALIANA
MASSIMO & MINIMO
Av. 502 esquina 529

CAMPINGS

MONTE PASUBIO (QUEQUÉN)
Av. 502 y 529. T: 4511482
El Gringo
Calle 519 Nº 901. T: 425429
Río Quequén
Calle 22 y Ribera. T: 428068

JAMMING HOSTEL (QUEQUÉN)
Calle 502 Nro 1685. T: 450753

MONTE HERMOSO (02921)

CAMPINGS

Arco Iris Santa Fe 615. T: 482-401
Ruta Sur
Camino Acceso Oeste 156-410699
Camping Americano
Sector Oeste. T: 481-149/194
Hipocampo
Camino Acceso Este. T: 481-238
Las Palmas
Camino Cost. Este. T: 481-748
Camping Sindicato de Salud
Balneario Sauce Grande

HOTELES VARIOS / HOTELS

Appart´Hotel Italia
Faro Recalada 250. T: 481-598
Appart Hotel Saul
Bahía Blanca 354. T: 481-130
Nauta Hotel
Dufaur 635. T: 481-083
Hotel España
Av. Argentina y P.de Mendoza
T: 481-026
La Goleta
Av. Pte. Perón y Che Guevara
T: 481-142
Hotel Monte Hermoso
Faro Recalada 1097. T: 481-233
Hotel Li-Del
Antonio B. Costa 40. T: 481-009
Hotel Polo
Pedro de Mendoza 62. T: 481-057
Hotel Prince
Los Pinos 70. T: 481-841

GASTRONOMÍA / PLACES TO EAT

El Viejo Rodeo
Faro Recalada 150. T: 481-280
Doña Pasta Faro Recalada y Patagonia. T: 481-006
La Marisquería
Av. Faro Recalada 52 . T: 481-559
Timón
Av. Pt. Perón y Peatonal Dufaur
T: 481-718
La Estación Av. Argentina y Patagonia. T: 482-555
La Goleta Av. Costanera y Che Guevara. T: 481-142
El Asador
Antonio B. Costa 344 . T: 482-242
La Estancia
Av. Int. Majluf 749
La Parrillada
Av. Argentina 333
El Muelle Pizzería
Faro Recalada 393
El Rey de la Pizza
Peatonal Dufaur 61. T: 481-563
Il Pirata
Av. Argentina y A Costa

PARADORES / BEACH BAR

Complejo del Sol
Borches y El Mar. T: 481-157

Parador Guardalavaca
Patagonia y el mar. T: 155048776
Parador Tabasco
Antonio B. Costa y el mar
Laguna Sauce Grande
T: 482-155
Parador Lago
Las Ballenas y el mar. T: 482-055
Parador la Bella
Paraná y el mar
Parador Posta Cangrejo
Av Pte. Perón y Río Salado

SAN ANTONIO OESTE

CAMPINGS

Amvi
Río Negro y Jacobacci. T: 497141
Bco Pcia de Río Negro
Cipolletti 763. T: 497016
Dpa
Acceso a Las Grutas. T: 497785
Golfo Azul Currú Leuvú y Punta Perdices. T: 497508

HOTELES VARIOS / HOTELS

Patagonia Norte
Sierra Pailemán 8. T: 497800
Portovenere
Av. Costanera 7° bajada. T: 497126
Riviera
Costanera y Comallo. T: 497357
Antares
Villa Regina 624. T: 497226
Colonial Ruta 3 y Ruta 251
Mirador del Golfo Costanera y Acceso Norte. T: 497350
Ozzieri
Mitre y Victoria. SAO. T: 421923

SIERRA GRANDE

CAMPING

Camping Municipal
Playas Doradas. T: 481868
UNTER Playas Doradas. T: 481561

HOTELES / HOTELS

Arenas del Jarillal
Playas Doradas. T: 15624816
Hotel El Jarillal. T: 481095
Hotel Sierra Grande. T: 481016
La Posada de la Luna T: 481011

VIEDMA

ALBERGUES Y REFUGIOS HOSTELS AND LODGES

Don Bosco
Bvd. Ituzaingó 140. T: 422040
Paulo VI. T: 424638

CAMPINGS

Estancia Doña Bris
R.N. N° 3 km. 973. T: 15614554
Estancia San Andrés
R.N. N° 3 km. 981 y camino N° 5.
El Cóndor Av Costanera. T: 497095
Complejo Los Trentinos
Av Costanera. T: 497098

HOTELES / HOTELS

Cristal
Avda. Leloir 1882. T: 428771
Spa Inside Patagónico 25 de Mayo 174. T: 430459

HOSTERÍA / HOSTEL

Río de Los Sauces
Calle 2 bis e/69 y 67. T: 497193

EXCURSIONES / GET AWAYS

Aqua Ventura. T: 428229
Catamarán Currú Leuvú II
Muelle de lanchas C. Patagones
T: 463242
Cooperativa de Lancheros
Av. Villarino y 25 de Mayo
T: 432263/463934
Patagonia de a Caballo
S.H. Urquiza 826

ALQUILER DE AUTOMÓVILES CAR RENTAL

Rent a Car Namuncurá 78

CAMARONES (0297)

Hospedaje Mar Azul
25 de mayo y Urquiza. T: 4963007
Hospedaje Bahia del Ensueño
9 de julio y belgrano. T: 4963007

PLAYA UNIÓN (02965)

CAMPINGS

Mutual Gaiman Camping
Nahuelpan y R. Lista. T: 496075
Policial
Nahuelpan S/N. T: 482666

HOTELES VARIOS / HOTELS

Punta Leon
Hernandez y Piedra. T: 498042
Le Bon
Rifleros N°68. T: 496638
Premier complejo departamentos
Perito Moreno 951. T: 496360

RAWSON (02965)

Provincial Hotel
Mitre N°551. T: 481300
Sampedro Hospedaje
Belgrano 744. T: 481721

COMODORO RIVADAVIA (0297)

Lucania Palazzo Hotel
Moreno 676. T: 4499300
Comodoro Hotel
9 de Julio770. T: 4472300
Su estrella
Ruta N° 3 Km 1850. T: 4465004
Azul Hotel
Sarmiento N° 724. T: 4474628

ESCUELAS DE SURF

SANTA TERESITA

Escuela Loa
T: (02246) 526377.
santiagoestivariz@hotmail.com

SAN BERNARDO

Olas de San Bernardo
T: (02257) 15531359
escuelaolassb@hotmail.com

MAR DE AJÓ

Surf Locals
localssurfmda@hotmail.com
T: (02257) 15636023.

PINAMAR

Robinson Crusoe
Av.del Mar Sur // Mar de Ostende
T: (02254) 48-1734

VILLA GESELL

Geselina de Surf
T: 02255-462272/462960
alberto_lua@yahoo.com

MAR DEL PLATA

Surf School Quiksilver
Playas del Balcón. T: 155 393 403
Playa Grande Surf Club MdP
Escollera de Biología.
Freeridingschool
www.freeridingschool.com
Guillermo Pascarelli
T: (0223) 155319861
gpascal1@yahoo.com
Ondas
ondassurf@hotmail.com
T: 011-42459182 / 0223-4861215
Rip Curl
Yacht Club de Playa Grande.
Chapatrapa
T: 011- 1557140277
escuela@chapatrapa.surf.com.ar
Honu Beach
T:0223 489-6847
poderlocal@camaronbrujo.com

MIRAMAR

Aloha T: (02291) 154-11429
academiaalohadesurf@yahoo.com
Camping El Durazno
escueladesurf_miramar@hotmail.com

QUEQUÉN

Quequén Escuela de Surf
Av. 502 y 529 Monte Pasubio Surf Camp. T: 011-15-5424-7394 / 15-5515-6176.

NECOCHEA

Neptuno Surf Club
T:(02262) 428893

SURFSHOPS

CAPITAL FEDERAL

Aspiral
J.B.Alberdi 6190, T: 46874800
Camaron Brujo
Callao 1407
CRISTOBAL COLÓN
Av.Córdoda 530, Gal. Pacifico, T: 43142485.
Av.Corrientes 3247 L 904, Abasto. T: 49593404.
Rod.Peña 1127, T: 48119585.
Salguero 3172 L 1002, Paseo Alcorta, T: 48065507.
Arenales 3360 L 2030, Alto Palermo T: 57778332.
DTS
R.Peña 1037, T: 48152787
Efecto 1
Av Cabildo 1921/2312,T: 47843399
La Rocka
J.M. Moreno 12
NTC
Helguera 345, T: 4613-5538
Swell
Av.Corrientes 3247 L 927. Abasto Bs As, T: 4959-3427
TORQUE
Av. Rivadavia 6265. T: 4633-5481
Bonorino 14, Flores, T: 4631-3872
Uluwatu
Rodríguez Peña 1086,
T: 4811-7863
Vans Av.Cordoba 4945 Palermo Soho. T: 47764676/ 77

GRAN BUENOS AIRES ZONA NORTE

CRISTOBAL COLON
Parana 3745 L 3045 Unicenter, T: 45809663
REEF
Del Libertador y Perú. Acassuso
Swell
Parana 3745 L 2187, Unicenter, T: 4717-6733
La casa del esquiador
Av.Libertador 14669. Acassuso
Buenos Aires 1640
SECOND WIND
Perú y el Río

PILAR

CRISTOBAL COLON
Las Magnolias 754 Km 50 L 1145
T: 2322473351

TIGRE

Swell Av de los lagos 7010 L 1118 - Nordelta. T: 4250-6220

GRAN BUENOS AIRES ZONA SUR

Swell Av.H.Irigoyen 13200, Boulevard Shopping, T: 42391175.
B.Irigoyen 2647 L 511, Soleil Factory, Boulogne.

F De La Cruz 4602 L 1077.Lugano Parque Brown, T: 4604-0391
El límite
9 De Julio 25, Bernal T: 42527606
Local`s Only
Azara 1783, Galeria Oliver L 37 España Esq. Gorriti
Insanity Av Columbres 132, T: 4243-4995, Lomas de Zamora

MONTE GRANDE

Local`s Only Alem 341 L 25
Spiral Shops Alem 183, T: 4281-8165

QUILMES

Duke
Lavalle 637, Alsina 171, T: 42247887
Swell
Rivadavia 112 L. 5, T: 4253-7725
Av Calchaqui 3950 L. 1118. Quilmes Factory. T: 4250-6220
Spiral Shops
Moreno 578. T: 4257-0563

MORON

CRISTOBAL COLON
Av. Juan Manuel De Rosas 658/760 L.2140, T: 46278717

PUERTO XAVOR`S
Rivadavia 18222 L.1, T: 4628-0261
25 de Mayo 205, T: 4629-1043
25 de Mayo 153, T: 4628-5454

RAMOS MEJIA

La Rocka Belgrano 59, T: 4658-5531

LA PLATA

Duke Calle 47 N° 707

SANTA TERESITA

Punto Límite Costanera 709

VILLA GESELL

Spiral Shops
Av. 3 N° 527, T: 02255-464528

MAR DEL PLATA

BACKSIDE
Juan B Justo 1395, T: 489-6649
Juan B Justo 1101. Belgrano y Diagonal Pueyrredón. T:491-9765
Camaron Brujo
Alem 3878, Güemes 3159, J. B. Justo 1252, Diag. Pueyrredón e. Rivadavia
Cutback
Alem 3598, Rawson 1313, Güemes 3067, Rivadavia 2450
Rivadavia 2380
HARDWEAR
Galería Sao loc 47, T: 496-1527
SOL DEPORTES
San Juan y Belgrano, Rivadavia 2490
Shifty Skateshop Mitre 3078
Uluwatu
Santiago del Estero 1746 Sal Sao L. 5 y 38, T: 494-4877

NECOCHEA

Pichilemu
Calle 62 N° 2981, T: 02262 427434
LION ROOTS
Calle 62 casi 57, T: 02262 526554

BAHIA BLANCA

Bora Bora
Soler 114, Buenos Aires 8000

SAN MARTÍN DE LOS ANDES

Travesía
Av. San Martín y Elordi

SAN C. DE BARILOCHE

Evassion
Mitre 171 Local 1

PUERTO MADRYN

Only for borders
28 de julio y Av Roca L. 104
T: 02965-456925

CÓRDOBA

CRISTOBAL COLON
Ovispo Trejo 354/374 L. 124 Patio Olmos. T: 3515704124
Point Breack
Jose Macanca 4080
Deep Shark
Sobremonte 800 L. 23 Rio Cuarto
Sioux
9 De Julio 70 L. 6 Y 7. Carlos Paz

CORRIENTES

Gravedad Zero
Jujuy 1020

MENDOZA

CRISTOBAL COLON
Av.acc Este 3280 L. 222 / 223
T: 2614490222
Jamaica Rats
Av San Martin 1245 L.60/61 - Galeria Caracol
Extreme
Av. Colon 733

ROSARIO

Blast
Samiento 777 Local 3
El Oceano
La Paz 3301
Fluid
Sarmiento 1074
Spy
San Luis 1527
Wild Board
Av Eva peron 7915

A mis viejos,
quienes me inculcaron sus valores,
sin los cuales nada hubiera sido posible.
Por siempre GRACIAS!
Martín

AGRADECIMIENTOS / *THANKS TO*

Martín Passeri, Vale Araujo Lynch, Florencia Altair León, Arturo García, Tincho Palomeque, Cutún Martín, Gonzalo Barandarián, Paloma Vega (3sesenta magazine),EMTur. de Mar Del Plata Edwin Riquero, Gerardo Espiñeiras (Mareas magazine), Beto Berenguer, Santiago Pony, Arturo García, Julián Martinez, Tarko Dallenogare, Rodrigo Fuertes, Mica Quiroga (1 año es nada), Fernando Musauer, Alejandro Tiribelli, Federico Teubal, Gustavo Huici, Ariel Lovarato, AP Group, Nico Massidda, Branca Band, Carlos Di Pace, Pablo Duc, Silvana Alonso, a los anunciantes que nos apoyan, a los que creyeron en el proyecto y a todos los lectores que compraron el libro...a Surfar!
and to all sponsors that support us, to those who believed in this project and to all the readers that have bought the book...let's Surfar!